Hesse / Schrader

Die perfekte Bewerbungsmappe für *nicht perfekte* Lebensläufe

Die besten Beispiele erfolgreicher Kandidaten

berufsstrategie

Eichborn

Die Autoren

Jürgen Hesse, Jahrgang 1951, ist Diplompsychologe.
Er leitet das Büro für Berufsstrategie in Berlin.
Hans Christian Schrader, Jahrgang 1952, ist Diplompsychologe
in Berlin.

Anschrift der Autoren

Büro für Berufsstrategie
Hesse/Schrader
Oranienburger Straße 4–5
10178 Berlin
Tel. 030 / 28 88 57 – 0
Fax 030 / 28 88 57 – 36
www.berufsstrategie.de

Die Autoren danken Sabine Letzner, Bewerbungstrainerin,
für ihre Mitarbeit. Vielen Dank auch den Fotografen
Antonius (Tel. 030/785 50 78) und Rainer Tamme
(Tel. 0170/184 88 88, E -Mail contact@photomac.de) sowie
den Personen, die sich haben fotografieren lassen.
Die abgebildeten Personen stehen mit den Bewerbungen
in keinem Zusammenhang.

3 4 5 07 06 05

Umschlaggestaltung: Christina Hucke
Lektorat: Thorsten Schulte
Innengestaltung und Satz: Oliver Schmitt
Druck und Bindung: Fuldaer Verlagsagentur, Fulda
ISBN 3-8218-3879-5

Verlagsverzeichnis schickt gern:
Eichborn Verlag, Kaiserstraße 66, D-60329 Frankfurt am Main
www.eichborn.de

Inhalt

Perfekte Bewerbungsunterlagen

Einen vernünftigen Job zu finden ist wirklich nicht leicht. Der Weg dorthin bedeutet harte Arbeit. Allein das Erstellen von Anschreiben und Lebenslauf ist eine große Herausforderung – vor allem, wenn der eigene Werdegang nicht ganz wie im Bilderbuch verlaufen ist.

Mit diesem Buch wollen wir Sie bei dieser schweren Aufgabe unterstützen. Anhand von Beispielen erfolgreicher Bewerber und Bewerberinnen sehen und lernen Sie, wie man es macht. Auch die hier vorgestellten Kandidaten hatten es alle aus unterschiedlichen Gründen sehr schwer. Doch eines haben sie gemeinsam: Ihre Bewerbungsunterlagen waren so gut, dass alle Bewerber eine Einladung zum Vorstellungsgespräch erhalten und im Endeffekt den neuen Job bekommen haben.

Egal ob Sie lange arbeitslos oder krank waren, keine besondere Ausbildung haben bzw. Ihre Ausbildung nicht beendeten, zu jung oder für den Arbeitsmarkt schon »zu erfahren« sind, oder ob Sie in kurzer Zeit mehrmals den Arbeitgeber wechseln mussten: Mit Bewerbungsunterlagen wie in diesem Buch gezeigt bekommen auch Sie Einladungen zu Vorstellungsgesprächen.

Die gezeigten Beispiele sind allesamt echt, auch wenn wir die Namen und Daten verändert und andere Fotobeispiele eingesetzt haben. Die Kandidaten wurden in unserem *Büro für Berufsstrategie* (in Berlin, Frankfurt, Hamburg, Stuttgart und München) beraten. Bei jedem Kandidaten haben wir zwei Bewerbungen abgedruckt, eine mit Fehlern und eine sehr gute.

Vorsicht: Wir haben auch einige Rechtschreibfehler unkorrigiert gelassen. Im anschließenden Kommentar haben wir sie aber aufgeführt. So können Sie vergleichen, ob Sie alle Fehler gefunden haben.

Mithilfe der anschließenden Kommentare können Sie sehen, worauf Personal- und Firmenchefs besonders achten, wenn sie neue Mitarbeiter einstellen wollen. Sie erfahren also Schritt für Schritt, wie Sie Ihre Bewerbungsunterlagen – vom Anschreiben über den Lebenslauf bis hin zu den Anlagen – beeindruckend gestalten können, um Ihr erstes Ziel – die Einladung zum Vorstellungsgespräch – zu erreichen. Auch wenn Ihr beruflicher Werdegang nicht immer ganz gradlinig verlief und Sie selbst schon am Verzweifeln waren: Jetzt geht es bergauf!

Be-Werbung in eigener Sache

Als Bewerber bekommen Sie eine Einladung zum Vorstellungsgespräch, wenn Sie mittels Ihrer schriftlichen Bewerbungsunterlagen beim Empfänger (dem Personalchef oder Inhaber) so viel Interesse erzeugen, dass man neugierig auf Sie wird und Sie unbedingt kennen lernen will. Dabei geben Sie mit Ihrer schriftlichen Bewerbung eine Art Visitenkarte, eine allererste Arbeitsprobe ab und erzeugen beim potenziellen Arbeitgeber einen ersten (hoffentlich positiven) Eindruck. Im Grunde haben Sie es – auch wenn Sie sich als klassischer Arbeitnehmer verstehen – eigentlich wie ein Unternehmer mit »Kunden« zu tun, den »Einkäufern« der von Ihnen angebotenen Arbeitskraft.

Das Problem ist also: Wie überzeugen Sie den potenziellen »Kunden« (Arbeitsplatzanbieter), sich für die von Ihnen angebotene »Dienstleistung« (Ihre Arbeitskraft, Ihr Know-how) zu entscheiden. Der überzeugend formulierten schriftlichen Selbstdarstellung kommt dabei eine absolut wichtige Bedeutung zu. Beeindruckende Bewerbungsunterlagen öffnen Ihnen die richtigen Türen zu Vorstellungsgesprächen.

Ihr Bewerbungsvorhaben weist Parallelen auf zu gut gestalteten Werbeprospekten, die dem Käufer die Entscheidung leicht machen sollen, sich für den Kauf bestimmter Waren zu entscheiden. Bevor wir aber den Vergleich Werbeprospekt und Bewerbungsunterlagen weiter vertiefen, Folgendes: Bei der Erstellung Ihrer schriftlichen Bewerbungsunterlagen steht zunächst nicht die »Eroberung« eines Arbeitsplatzes im Vordergrund. Dies können selbst die besten Papiere nicht leisten, sondern nur Sie persönlich in einem Vorstellungsgespräch. Ziel ist also die Einladung zu einem solchen Vorstellungsgespräch, das Ihnen diese Möglichkeit des persönlichen Auftretens und Überzeugens bietet.

Test: Welche Bewerbung ist die beste?

Grau ist alle Theorie! Lernen Sie lieber praktische Bewerbungsbeispiele kennen und stellen sich dabei vor, welche Sie selber ansprechen würde.

Wir werden Ihnen zunächst drei Möglichkeiten präsentieren, wie sich eine Person, Erika Bauer, auf eine Stelle bewirbt. Gesucht wird eine Bäckerei-Aushilfsverkäuferin. Stellen Sie sich vor, Sie selbst sind der Chef und erhalten drei verschiedene Bewerbungen mit Anschreiben, Lebenslauf und Foto von ihr. Sie können entscheiden, mit welcher Bewerbung Frau Bauer die größten Chancen hätte, die Stelle zu bekommen. Welche Fehler und Schwächen haben einige ihrer Bewerbungen? Welche Stärken kommen in welcher Version besonders zur Geltung? Und so weiter.

Im Anschluss können Sie nachlesen, wie wir die drei Bewerbungsbeispiele einschätzen. Sehen Sie diese Übung ganz locker, es hängt nichts davon ab. Sie soll nur dazu dienen, dass Sie selber ein Gespür dafür entwickeln, was eine gute Bewerbung ausmacht.

Die Stellenanzeige

Folgende Stellenanzeige in einer Tageszeitung ist der Ausgangspunkt für die drei Varianten der Bewerbung:

Bäckerei Kornstübl sucht ab sofort eine freundliche, zuverlässige Aushilfsverkäuferin für ca. 15 Std./Woche, gelegentlich auch am Sonntagvormittag.
Bewerbungen mit Lebenslauf und Foto an die Bäckerei Kornstübl, Am Bahnhof 4, 58789 Kohlhausen

Die Bewerberin Erika Bauer

Erika Bauer wurde am 8. August 1968 in Bochum geboren. Ihr Vater Edgar Wies, Schreinermeister, stirbt 1981 bei einem Autounfall. Die Mutter, Martha Wies, ohne Ausbildung, arbeitet seit dem Tod des Mannes als Putzfrau. Erika ist das älteste von sechs Kindern und muss schon mit 13 Jahren am Nachmittag auf die Jüngeren aufpassen, wenn die Mutter arbeiten geht. Erika Bauer ist gläubige Katholikin und eine fleißige Kirchgängerin – dort hat sie Zeit für sich.

Wegen der frühen Verantwortung für die Geschwister hat Erika nicht viel Zeit für die Schule und muss die 7. Klasse wiederholen. Immerhin schafft sie den Hauptschulabschluss. Es gelingt ihr sogar, eine begehrte Lehrstelle als Einzelhandelskauffrau im Supermarkt Hinrich zu bekommen. Ihr freundliches, zuvorkommendes Wesen überzeugt den Chef! Die dreijährige Ausbildung schließt sie mit der Abschlussnote »gut« ab, worauf sie sehr stolz ist.

Anschließend wird sie als Verkäuferin übernommen. Drei Jahre lang arbeitet sie mit Begeisterung, ist bei den Kunden wegen ihrer Höflichkeit beliebt. Erika lernt noch viel dazu, macht aber auch unangenehme Erfahrungen, z.B. mit Ladendieben.
Sie verliebt sich in Bruno Bauer, heiratet und bezieht eine gemeinsame Wohnung in Kohlhausen, wo ihr Mann im Stahlwerk arbeitet. Da der Supermarkt mit 1½ Stunden Anfahrtszeit pro Weg zu weit entfernt ist, kündigt sie schweren Herzens ihre Stelle. In Kohlhausen nimmt Frau Bauer erstmals eine Stelle als Aushilfsverkäuferin in einer Bäckerei an. Sie arbeitet unregelmäßig etwa zehn Stunden in der Woche.

Nach zwei Jahren gibt sie die Stelle auf, um sich um den kleinen Sohn und bald auch die Tochter zu kümmern. Sie will ihren Kindern eine unbeschwerte Kindheit bieten und sie nicht zu früh mit Verantwortung belasten. Auch daher spielt es für sie als überzeugte Katholikin keine Rolle, dass der einzige Kindergarten am Ort evangelisch ist. Ihr Mann verdient durch Überstunden recht gut, wäre aber nicht abgeneigt, die Kinder für ein paar Stunden in den Kindergarten zu geben, damit seine Frau etwas dazuverdienen kann.

Vor knapp zwei Jahren besuchte Frau Bauer einen Fortbildungskurs an der Volkshochschule, um den Umgang mit elektronischen Kassensystemen zu erlernen und damit die Chancen auf einen Arbeitsplatz zu erhöhen. Mit Computern kam sie noch nicht in Berührung, ist aber daran interessiert, es zu lernen. Daher wäre es möglich, dass sie eine Bewerbung mit der Hand schreibt (siehe das dritte Beispiel).

In ihrer Freizeit trifft sich Frau Bauer regelmäßig mit ihren Freundinnen, um interessante Kochrezepte auszuprobieren. Sie genießt es sehr, mit der gesamten Familie am Wochenende Ausflüge zu machen.

Aufgrund der schlechten Wirtschaftslage verdient Herr Bauer jetzt deutlich weniger. Daher ist es wichtig, dass seine Frau wieder ein gewisses Zusatzeinkommen hat. Da kommt die Stellenanzeige der Bäckerei Kornstübl gerade recht, das ist Frau Bauers Chance!

Drei Varianten einer Bewerbung

Jetzt folgen drei Beispiele einer Bewerbung von Frau Bauer, die jeweils aus einem Anschreiben und einem Lebenslauf bestehen. Zur besseren Vergleichbarkeit stellen wir uns vor, dass sie wirklich drei verschiedene Versionen geschrieben hat. Welche Bewerbung finden Sie am vorteilhaftesten? Welche Fehler erkennen Sie?

Versuchen Sie zunächst Ihre eigene Bewertung, bevor Sie unsere lesen. Wir haben die drei Bewerbungsversionen ausführlich kommentiert, damit Sie genau verstehen, was wir meinen. Die Anmerkungen zu den weiteren Bewerbungsbeispielen in diesem Buch sind wesentlich kürzer gehalten.

Es ist leichter, wenn Sie zunächst alle Anschreiben miteinander vergleichen, dann die drei Lebensläufe. Machen Sie sich Gedanken zu äußerer Form, Aufbau und Inhalt. Bewerten Sie die Beispiele mit den üblichen Schulnoten von 1 (sehr gut) bis 6 (ungenügend).

An die Bäckerei Kornstübel
Am Bahnhof 4
58789 Kohlhausen

von Frau Erika Bauer
An der Leier 10
58789 Kohlhausen

Sehr geehrte Damen und Herrn!

Ich habe Ihre Anzeige im Stadtanzeiger gelesen das Sie eine Bäckereiaushilfe suchen. Nun möchte ich mich gerne für diesen Job bewerben. Ich kann sofort loslegen. Ich bin 34 Jahre alt und habe mal Einzelhandelskaufmann in einem kleinen Lebensmittelladen gelernt. Dann habe ich noch 3 Jahre dort gearbeitet, das hat mir gut gefallen obwohl es auch mal Probleme gab. Dann sind wir nach Kohlhausen umgezogen und da habe ich 2 Jahre ab und zu in einer Bäckerei gearbeitet. Als ich mein Sohn bekam und 3 Jahre später meine Tochter bin ich zu Hause geblieben. Ich bin pünktlich, ich arbeite fleißig wie eine Biene und ich bin meist nett zu den Kunden. Es ist gut wen sie mich nur als Aushilfe brauchen denn dann habe ich immernoch Zeit für die Kinder.

Hochachtungsvoll Ihre

Erika Bauer

Kohlhausen, den 14. Januar 2003

Lebenslauf von Erika Bauer, geb. Wies, wohnhaft in 56789 Kohlhausen, An der Leier 10

Geburt: am 8. August 1968 in Bochum
Vater: Edgar Wies, Schreinermeister, 1981 gestorben
Mutter: Martha Wies, Putzfrau
5 jüngere Geschwister
Religion: katolisch

Karl-Herz-Grundschule von August 1974 bis Juli 1978
Mühlenberg-Hauptschule von Aug. 1978 bis Juni 1984
Ausbildung als Einzelhandelskauffrau im Lebensmittelgeschäft Hinrich von Sept. 84 bis Juni 87
Arbeit im Lebensmittelgeschäft Hinrich von Juli 1987 bis August 1990 als Verkäuferin
Hochzeit mit Bruno Bauer, Stahlarbeiter, am 19. August 1990 in Bochum
Arbeit als Aushilfe in der Bäckerei Schubert vom 1. September 1990 bis zum 31.8.1992
Seit dem: Kindererzieung
Geburt von Benny: 3.11.1992
Geburt von Jennifer: 5.1. 1995

Mein Foto:

 ➔ *Kommentar Seite 16*

Erika Bauer
An der Leier 10
58789 Kohlhausen
Telefon: (05044) 68 69 70

Geschäftsführer Herrn Krämer
Bäckerei Kornstübl
Am Bahnhof 4

58789 Kohlhausen

Kohlhausen, 14.1.2003

Ihre Anzeige im Stadtanzeiger vom 12.1.2003
- Aushilfsverkäuferin -

Sehr geehrter Herr Krämer,

mit großem Interesse habe ich Ihre Anzeige gelesen. Die Bäckerei Kornstübl macht auf mich einen freundlichen Eindruck und ist für mich gut erreichbar. Daher fühle ich mich darin bestärkt, Ihnen meine Bewerbungsunterlagen zu schicken.

Zu meiner Person: Ich bin gelernte Einzelhandelskauffrau und habe schon als Aushilfsverkäuferin in einer Bäckerei gearbeitet. Freundlichkeit, Pünktlichkeit, Fleiß und Vertrauenswürdigkeit gehören zu meinen wichtigsten Eigenschaften. Zeitlich bin ich flexibel und bereit, am Sonntag zu arbeiten. Ich kann jederzeit anfangen.

Nach einer längeren Erziehungspause, die ich auch zur Fortbildung nutzte, möchte ich gern wieder in meinen Beruf zurückkehren. Dabei ist mir eine Teilzeittätigkeit besonders angenehm, weil mir dann noch genügend Zeit für die Kinderbetreuung bleibt.

Über eine Einladung zu einem Gespräch freue ich mich.

Mit freundlichen Grüßen

Erika Bauer

Anlagen: Lebenslauf, Zeugnisse

LEBENSLAUF

Persönliche Daten

Erika Bauer, geb. Wies

An der Leier 10, 58789 Kohlhausen

geboren am 8.8.1968 in Bochum

verheiratet, zwei Kinder (10 und 8 Jahre alt)

Schul- und Berufsausbildung

08/1974 - 08/1984	Grund- und Hauptschule in Bochum
09/1984 - 06/1987	Ausbildung als Einzelhandelskauffrau in Bochum Abschlussnote: gut

Berufspraxis

07/1987 - 08/1990	Verkäuferin im Supermarkt Hinrich, Bochum
09/1990 - 08/1992	Aushilfsverkäuferin in der Bäckerei Schubert, Kohlhausen

Familienzeit

Seit 09/1992	Betreuung meiner Kinder

Fortbildung

05/2001	Umgang mit elektronischen Kassensystemen, Volkshochschule Kohlhausen

Interessen

Kochgruppe mit Freundinnen, Familienausflüge

Kohlhausen, 14.1.2003

Erika Bauer

ANLAGEN

Schul- und Prüfungszeugnisse

Mühlenberg-Hauptschule

IHK Essen

Arbeitszeugnisse

Supermarkt Hinrich

Bäckerei Schubert

Fortbildungsbescheinigung

Volkshochschule Kohlhausen

Erika Bauer
An der Leier 10
58789 Kohlhausen
Telefon: 05044/68 69 70

Bäckerei Kornstübl
Am Bahnhof 4
58789 Kohlhausen

Kohlhausen, den 14. Januar 2003

Betr.: Anzeige im Stadtanzeiger „Bäckerei Kornstübl sucht ab sofort eine freundliche, zuverlässige Aushilfsverkäuferin, gelegentlich auch für Sonntagvormittag."

Sehr geehrte Damen und Herren,

hiermit möchte ich mich bei Ihnen als Bäckereiaushilfskraft bewerben. Ich bin äußerst an der Stelle interessiert. Ich wäre wohl eine gute Verkäuferin.
Nach dem Hauptschulabschluss habe ich eine Lehre als Einzelhandelskauffrau in einem Supermarkt gemacht und habe noch drei Jahre dort gearbeitet. Das war eine schöne Zeit für mich, aber dann zog ich zu meinem Mann nach Kohlhausen, sodass der Weg zu weit war und ich leider kündigen musste. Deshalb begann ich dort als Aushilfsverkäuferin in der Bäckerei Schubert. Dort war ich sehr beliebt und bekam oft Anerkennung für meine Freundlichkeit und Schnelligkeit. Als ich nach zwei Jahren meinen Sohn bekam, gab ich die Arbeit auf. Ich kümmerte mich nur um die Familie, zu der noch eine Tochter dazu kam. Während der Zeit bildete ich mich auch fort.
Nun möchte ich wieder etwas zum Lebensunterhalt beitragen: Meinem Mann werden keine Überstunden mehr bezahlt und da wird das Geld knapp. Trotzdem reicht mir eine Aushilfstätigkeit oder ist mir sogar lieber als eine volle Stelle, da ich mehr Zeit mit den Kindern verbringen kann.
Ich wäre Ihnen äußerst dankbar, wenn Sie mich zu einem Vorstellungsgespräch einladen würden. Ich kann schon morgen anfangen, wenn Sie wollen.

Mit den allerherzlichsten Grüßen,
Ihre

Erika Bauer

Anlagen:
Lebenslauf mit Foto
Abschlusszeugnis der Mühlenberg-Oberschule
Prüfungszeugnis der IHK Essen über die Ausbildung als Einzelshandelskauffrau
Arbeitszeugnis des Supermarktes Hinrich
Arbeitszeugnis der Bäckerei Schubert
Fortbildungsbescheinigung der Volkshochschule Kohlhausen

→ *Kommentar Seite 19*

BEWERBUNGSUNTERLAGEN

von Erika Bauer

für die Bäckerei Kornstübl
in Kohlhausen

LEBENSLAUF

Ich wurde am 8. August 1968 in Bochum geboren. Mein Vater war Edgar Wies, Schreinermeister, der leider schon 1981 starb. Meine Mutter Martha Wies musste als Putzfrau arbeiten und ich passte auf meine 5 jüngeren Geschwister auf. Ich bin katholisch.

Seit 1990 bin ich mit Bruno Bauer, er ist Stahlarbeiter, verheiratet und habe 2 Kinder, Benny (10 Jahre) und Jennifer (8 Jahre). Wir wohnen in 58789 Kohlhausen, An der Leies 10, im 3. Stock.

Schule, Ausbildung

1974 bis 1978	Zunächst besuchte ich die Karl-Herz-Grundschule in Bochum.
1978 bis 1984	Dann wechselte ich auf die Mühlenberg-Hauptschule in Bochum. Dort wiederholte ich die 7. Klasse. Ich schaffte dann ohne Probleme den Hauptschulabschluss.
1984 bis 1987	Ich hatte das Glück, einen begehrten Ausbildungsplatz als Einzelhandelskauffrau in dem Supermarkt Hinrich zu bekommen. Nach der dreijährigen Ausbildung erhielt ich sogar die Abschlussnote gut!

→ *Kommentar Seite 19*

Beruf

1987 bis 1990	Als Verkäuferin im Supermarkt Hinrich in Bochum sammelte ich wichtige Erfahrungen, z. B. im Umgang mit Ladendieben. Ich wurde von vielen Kunden für meine Freundlichkeit gelobt. Ich fühlte mich sehr wohl dort, musste jedoch kündigen, weil ich nach meiner Heirat zu meinem Mann nach Kohlhausen zog.
1990 bis 1992	Daher war ich glücklich, dass die Bäckerei Schubert eine Aushilfsverkäuferin suchte und ich die Arbeit bekam. Die Arbeit gefiel mir gut, ich gab sie jedoch wegen der Familie auf.

Kindererziehung, Fortbildung

1992 bis jetzt	Nachdem ich Mutter geworden war, kümmerte ich mich fast nur um meine beiden Kinder und den Haushalt. Ich wollte nicht, dass sie einen Kindergarten besuchen müssen, und außerdem ist der einzige hier ein evangelischer, der noch dazu viel Geld kostet. Im Jahr 2001 besuchte ich einen Fortbildungskurs, durch den ich lernte, wie man mit elektronischen Kassen umgeht. Mit dem Computer kenne ich mich noch nicht aus, aber ich würde es gerne lernen.

Freizeitinteressen

Da ich gerne koche, treffe ich mich regelmäßig mit Freundinnen zu einer Kochrunde, abwechselnd bei einer von uns. Außerdem mache ich sehr gerne Ausflüge mit meinem Mann und den Kindern. Ich treffe mich auch öfters mit meiner Mutter, die ein wenig Abwechslung und Betreuung braucht.

Kohlhausen, den 14.Januar 2003

Erika Bauer

Lösung: Welche Bewerbung ist die beste?

Wodurch unterscheiden sich die Anschreiben und Lebensläufe voneinander und wie sind die Unterschiede zu bewerten? Was sind die besonderen Stärken, aber auch Schwächen der drei Bewerbungen? Welche würde wohl am ehesten zum Erfolg führen? Hier finden Sie jeweils unsere ausführlichen Bemerkungen zum Anschreiben und Lebenslauf, die Sie mit Ihrer Einschätzung vergleichen können. Vielleicht kommen wir zum gleichen Ergebnis!

Bewerbung 1

Anschreiben

Eindeutig ungenügend! Auf den ersten Blick fällt die unsaubere Schrift der Schreibmaschine auf. Dann die schlecht lesbaren, aneinander gequetschten Zeilen. Sympathisch ist allenfalls die naive Ehrlichkeit.

Schon der Beginn ist fehlerhaft, weil der Absender (in dem die Telefonnummer vergessen wurde) nicht an die zweite Stelle, sondern ganz nach oben gehört (und zwar ohne den Zusatz »von« sowie »an die« bei der Adresse. Außerdem hat Frau Bauer den Namen der Bäckerei falsch geschrieben. Ort und Datum fehlen, finden sich erst ganz unten wieder (mit dem veralteten »den« beim Datum). In der Anrede fällt der schlimme Rechtschreibfehler ins Auge, von denen noch weitere auftauchen. Die Anrede sollte mit einem Komma beendet werden, nicht mit einem Ausrufezeichen.

Der Text ist völlig ungegliedert und daher schwer lesbar. Einen Satz mit »ich« zu beginnen klingt plump, leider wird das auch noch bei weiteren Sätzen wiederholt. Der erste Satz enthält schwerwiegende Rechtschreibfehler. Der zweite ist in der Möglichkeitsform gehalten, was als Unsicherheit der Bewerberin ausgelegt werden kann. Besser: »Daher bewerbe ich mich um die Stelle«, denn die umgangssprachliche Formulierung »Job« gehört nicht in ein Bewerbungsanschreiben. Auch »Ich kann sofort loslegen« ist zu salopp formuliert, »anfangen« klingt besser.

An dieser Stelle folgt ein neuer Gedanke. Daher muss der erste Absatz durch einen gewissen Abstand, am besten eine Leerzeile, vom nächsten getrennt werden. Die Angabe des Alters ist an dieser Stelle nicht notwendig, da sie nicht ausdrücklich in der Anzeige erwähnt wird und aus dem Lebenslauf hervorgeht. Das Wörtchen »mal« ist überflüssig, und Frau Bauer hat nicht »Einzelhandelskaufmann«, sondern »-kauffrau« gelernt. Nun folgen zwei Sätze, die mit »dann« beginnen. Die Angabe von Zahlen als Ziffer (nicht als Wort) fällt in mehreren Sätzen unangenehm auf.

Bei der Beschreibung ihrer Erziehungspause ist Frau Bauer wieder ein schwerer Grammatikfehler unterlaufen.

Hier folgt ein völlig neuer Gedanke (leere Zeile einfügen!). Frau Bauer beschreibt ihre Eigenschaften: »fleißig wie eine Biene« klingt kindlich, »bin meist nett zu den Kunden« lässt vermuten, dass sie auch öfters unfreundlich ist. Der letzte Satz enthält gleich mehrere Rechtschreibfehler und ist ungeschickt formuliert. An dieser Stelle wäre der Hinweis angebracht, dass sie sofort anfangen kann und auch gerne sonntags arbeitet.

Die veraltete Abschiedsformel »Hochachtungsvoll«, sollte die Bewerberin durch »mit freundlichen Grüßen« ersetzen. »Ihre« passt hier überhaupt nicht, und die Unterschrift macht sich besser unter, nicht neben der Grußformel. Die Ort- und Datumszeile gehört, wie schon erwähnt, zwischen Adresse und Anrede. Der Hinweis auf Anlagen fehlt in dieser Bewerbung völlig.

Lebenslauf

Auch der Lebenslauf ist nicht zu gebrauchen und schlicht ungenügend! Wieder schlecht strukturiert (kein tabellarischer Aufbau, wie allgemein üblich!), kaum Absätze, mehrere Rechtschreibfehler.

Das Wort »Lebenslauf« muss die Überschrift bilden. Das viel zu kleine Foto von Frau Bauer, das unten angebracht ist, gehört in den oberen Teil des Lebenslaufes, meist rechts (oder auf ein Deckblatt, das Sie noch bei anderen Bewerbungsbeispielen kennen lernen werden).

Die Angabe von Eltern und Geschwistern sollte in dem Alter, in dem sich unsere Bewerberin befindet, wegfallen, ebenso wie die Konfession, die nur auf ausdrücklichen Hinweis in den Lebenslauf aufgenommen werden muss. Frau Bauer hat in dem ersten Bewerbungsbeispiel alle Informationen in fortlaufende Zeilen geschrieben, sodass man den Zeitraum suchen muss, und obendrein diese Zeit auch noch unterschiedlich angegeben (mal »1987«, mal »87«, mal ein genaues Datum). Die Reihenfolge von Art der Tätigkeit und Ort hält sie nicht konsequent ein. Ihre Hochzeit gehört nicht in diesen Ablauf, die Angabe bei den persönlichen Daten »Familienstand: verheiratet« sowie eventuell das Alter der Kinder reichen völlig aus. Wann genau die Kinder geboren wurden, ist für den Personalchef uninteressant. Dafür fehlt in ihrer Bewerbung die Fortbildung, die es ihr erleichtert, mit der elektronischen Kasse umzugehen.

Den Lebenslauf hätte sie mit Ort, Datum und ihrer Unterschrift abschließen müssen.

Rechtschreibfehler

Seite 7

Zeile 1: Kornstübel → Kornstübl
Zeile 7: Herrn → Herren
Zeile 8: Ihre Anzeige → in Ihrer Anzeige
Zeile 8: gelesen das → gelesen, dass
Zeile 13: gefallen obwohl → gefallen, obwohl
Zeile 16: mein Sohn → meinen Sohn
Zeile 16: Tochter bin ich → Tochter, bin ich
Zeile 18: gut wen → gut, wenn
Zeile 19: brauchen denn → brauchen, denn
Zeile 19: immernoch → immer noch

Seite 8

Zeile 7: katolisch → katholisch
Zeile 18: Seit dem → Seitdem
Zeile 18: Kindererzieung → Kindererziehung

Am zweiten Beispiel einer Bewerbung erkennen Sie gut, womit Frau Bauer bessere Chancen gehabt hätte:

Bewerbung 2

Anschreiben

Sicherlich gibt es auch hier noch etwas zu verbessern, aber insgesamt ist das Anschreiben recht gut: ordentlich gegliedert, geschickter formuliert und vor allem fehlerfrei. Die Bewerbung wurde auf einer gut funktionierenden elektrischen Schreibmaschine angefertigt.

Im Adressblock hat Frau Bauer jetzt alles richtig gemacht, wenn auch nicht besonders einfallsreich. Die Bewerberin hat sich nach dem Ansprechpartner für die Bewerbung erkundigt und ihn im Adressblock ganz nach oben gesetzt: Jetzt dürfte eigentlich nur er den Brief öffnen. Die Betreffzeile, die zu jedem Geschäftsbrief gehört (also auch zu Bewerbungen), enthält die Anzeige und die gesuchte Stelle, sodass der Empfänger gleich informiert ist, worum es geht.

Durch die direkte Ansprache kommt zum Ausdruck, dass sich die Bewerberin die Bäckerei angeschaut hat, die Verkehrsanbindung geprüft und wahrscheinlich bei dieser Gelegenheit den Namen des Geschäftsführers erfragt hat. Frau Bauer stellt kurz und überzeugend dar, warum sie für diese Tätigkeit geeignet ist, und betont die Eigenschaften, die in der Anzeige gefordert wurden. Sie vergisst auch nicht anzugeben, dass sie neben der Kindererziehung durch eine Fortbildung versucht hat, fachlich auf dem Laufenden zu bleiben. Wortwahl und Ausdrucksweise sind gut und abwechslungsreich. Es spricht für sie, die Erfahrung als Aushilfs- bzw. Teilzeitmitarbeiterin in einer Bäckerei zu erwähnen, weil der Arbeitgeber dadurch erkennt, dass sie wahrscheinlich längerfristig bei ihm arbeiten möchte.

Der Abschlusssatz klingt zuversichtlich, die Grußformel ist korrekt und die Anlagen sind – sogar vollständig – angegeben worden.

Lebenslauf

Auch dieser Teil der Bewerbung macht einen soliden, übersichtlichen und guten Eindruck. Die inhaltlichen Blöcke sind durch genügend Abstand voneinander getrennt.

Bei den persönlichen Daten finden sich Name und Anschrift, ebenso wie Geburtsdatum und -ort sowie der Familienstand. Das Foto ist ausreichend groß und an einer passenden Stelle angebracht. Die Informationen zu Schule (dieses Mal lückenlose Zeitangaben), Ausbildung, Berufspraxis und Fortbildung hat Frau Bauer in tabellarischer Form dargestellt: Dabei enthält die erste Spalte die Zeitangabe des Monats und Jahres, die andere Spalte den Inhalt in gleich bleibender Reihenfolge (Tätigkeit und Ort). Die Erwähnung des Volkshochschulkurses ist jetzt richtig gemacht. Die Angabe von Interessen wurde in der Anzeige zwar nicht erfragt, vermittelt aber ein umfassendes Bild der Bewerberin: Wer regelmäßig mit Freundinnen kocht, ist auch in der Lage, mit Kolleginnen zusammenzuarbeiten (Teamfähigkeit). Auch Familienausflüge belegen dies und erwecken den Eindruck, dass Frau Bauer relativ fit ist. Der Abschluss des Lebenslaufes mit Ort, Datum und Unterschrift ist völlig korrekt.

Eine gute Idee, die nun folgenden Anlagen (Zeugnisse etc.) auf einer gesonderten Anlagenseite übersichtlich vorab anzukündigen: Bei einer gewissen Anzahl empfiehlt sich dies schon aus Gründen der Übersichtlichkeit. Die Art der Zeugnisse sind, ähnlich wie im Lebenslauf, nach Blöcken unterteilt. In jedem Block ist die Stelle angegeben, die das Zeugnis oder die Bescheinigung ausgestellt hat. Das Zeugnis der Hauptschule könnte beim Alter der Bewerberin entfallen, rundet aber das Bild ab.

Bewerbung 3

Anschreiben

Die dritte Version der Bewerbung ist trotz der guten Gliederung, jedoch wegen der ungeschickten Ausdrucksweise insgesamt nur als ausreichend zu bewerten. Zu wenig, um erfolgreich zu sein.

Der Adressblock genügt den Anforderungen, nur in der Datumszeile fällt das altmodische »den« negativ auf. In der Betreffzeile wird das »Betr.:« heute weggelassen. Die Angabe fast des gesamten Anzeigentextes ist viel zu lang. Leider wurde bei dieser Bewerbung versäumt, den Adressaten namentlich zu ermitteln.

Der erste Absatz »hiermit möchte ich« beginnt sehr standardisiert und langweilig. Die nächsten Sätze deuten an: Frau Bauer biedert sich fast an, um die Stelle zu bekommen, ist sich aber nicht ganz sicher, ob sie den Anforderungen genügt. In den folgenden Absätzen berichtet sie ausführlich, wie ihr Lebensweg verlief, wobei sie auch Gefühlsäußerungen und private Dinge erwähnt, die nicht in ein Anschreiben gehören (»leider kündigen«, »da wird das Geld knapp«, »müssen sie nicht in den Hort«). Mehrfache Wort- und Silbenwiederholungen wie »bekam«, »kam«, sollten besser vermieden werden. Der abschließende Satz drückt nochmals aus, dass Frau Bauer als Bittstellerin auftritt: »wäre Ihnen äußerst dankbar«, »kann schon morgen anfangen«. Damit bringt sie sich in eine abhängige Situation vom Arbeitgeber, der in erster Linie eine gute Kraft sucht und kaum aus mildtätigen Gründen handelt.

Ebenso übertrieben und unterwürfig für ein Bewerbungsschreiben klingt »allerherzlichsten Grüßen« und »Ihre«. Bei den Anlagen hätten nicht alle Zeugnisse angegeben werden dürfen, dafür wäre der Lebenslauf besser geeignet, oder eine gesonderte Anlagenseite. Eine gute Idee: Dem Lebenslauf hat Frau Bauer ein einfach gestaltetes Deckblatt vorangestellt.

Lebenslauf

Zum Teil handschriftlich verfasst – eine heutzutage unübliche Form (außer wenn ausdrücklich erwünscht) – in Ausnahmefällen und bei schöner Handschrift ist das aber möglich. Die Gliederung ist deutlich erkennbar, jedoch schweifen die Formulierungen oft ab, vollständige Sätze (statt Stichworte) sind hier ungeeignet, und die Inhalte auch zu persönlich und manchmal überflüssig.

Frau Bauer hat vergessen, ihren Namen zu erwähnen. Ihre Anschrift, die am Ende des zweiten Absatzes steht, sollte direkt nach dem Namen folgen. Eltern und Geschwister brauchen nicht erwähnt zu werden. Das Foto hat eine passende Größe und Lage.

Bei den Zeiträumen ausschließlich Jahreszahlen anzugeben bietet sich bei Bewerbern an, die entweder extrem viele Stationen in ihrem Lebenslauf aufweisen oder Lücken von einigen Monaten (Arbeitslosigkeit, längere Reisen, Krankheit etc.) »vertuschen« wollen. Dies ist zwar bei Frau Bauer nicht der Fall, sodass sie Monate hätte angeben können, hat aber hier keine wesentliche Bedeutung. Viel störender sind Ausformulierungen in Satzform, unwichtige Inhalte (»wiederholte ich die 7. Klasse«, »evangelischer Kindergarten«) sowie Füllwörter und Wiederholungen (»dann«, »sogar«). Gut kommt ihre ehrliche Aussage an, dass sie nicht mit dem PC umgehen kann, es aber lernen möchte. Bei den Freizeitinteressen hätte Frau Bauer fast noch erwähnt, dass sie regelmäßig in die Kirche geht – vielleicht ein positiver Faktor bei einem frommen, katholischen Arbeitgeber, im anderen Fall eher störend: Vorsicht bei privaten, ungefragten Mitteilungen!

Rechtschreibfehler

Seite 12

Zeile 20: dazu kam → dazukam

Zeile 27: Kein Komma hinter »Mit den allerherzlichsten Grüßen«

Zusammenfassende Bewertung

Sie haben bei den drei Bewerbungsbeispielen sicher einige unvorteilhafte Merkmale sofort herausgefunden: eine fehlende Gliederung, zu persönliche, ausschweifende Formulierungen, fehlende Angaben, Rechtschreibfehler und ein unsauberer Anschlag der Schreibmaschine.

Die Bewerbung, die am ehesten Aussicht auf Erfolg hat, ist – Sie haben es sicher erkannt – die zweite. Die Nummer drei wäre gerade noch akzeptabel, wenn die schlimmsten Fehler vermieden worden wären. Mit den Unterlagen Nummer eins sollte man sich besser nicht bewerben ...

Oft reicht es schon, die gröbsten Fehler zu vermeiden, um einer Bewerbung zum Erfolg zu verhelfen. Sie werden im Buch noch viele Beispiele finden, die Ihnen zur Anregung für eigene Bewerbungen dienen können.

Die Bewerbungskandidaten

Nach dem Eingangstest wollen wir Ihnen nun zehn weitere Bewerbungsbeispiele – jeweils in einer fehlerhaften und einer guten Version – vorstellen. Sie finden hier einen Überblick über die Kandidaten. Es handelt sich dabei um »Menschen wie du und ich« – mit Stärken, persönlichen Vorlieben, unterschiedlichen Lebensstationen und Berufserfahrungen, jedoch auch Problemen, die zu einer Hürde bei einer Bewerbung werden können.

Die Kunst einer gelungenen Bewerbung besteht darin, diese Schwächen geschickt zu kaschieren oder eventuell sogar – in abgewandelter Form – als Stärke hervorzuheben. Besondere persönliche Fähigkeiten, Interessen und Engagements können eine Bewerbung enorm aufwerten.

Nach der tabellarischen Übersicht haben wir für Sie die zehn Kandidaten noch etwas genauer beschrieben.

Name	Berufspraxis	Probleme	Gewünschte Tätigkeit	Persönliches
Anna Ahlemann, 19	Lehre als Tischlerin (abgebrochen)	Sehr jung, abgebrochene Ausbildung	Job in Musikalienhandlung, später dort Ausbildung	Kreativ, spielt in Band
Birgitta Behrens, 24	Frisörin	Viele Arbeitgeber in kurzer Zeit	Feste Stelle mit Schwerpunkt Schminken/Stil Stylingberatung,	Schminken von Karnevalsgruppe
Christopher Clement, 28	Drucker, Betriebsratsmitglied	Neuere technische Entwicklungen verpasst, Mitglied im Betriebsrat	Assistent des Geschäftsführers in kleinerem Gewerbebetrieb	Organisation/ Funktion in Kaninchenzüchterverein
Doran Demdic, 30	Gas- und Wasserinstallateur	2 Jahre arbeitslos, beschränkte Deutschkenntnisse	Handwerker mit Hausmeisteraufgaben	»Universalgenie«, serbokroatische Sprachkenntnisse
Edeltraud Emmerich, 36	Altenpflegerin, Umschulung zur Masseurin und medizinischen Bademeisterin	Abgang Gymnasium ohne Abitur, etwas unstete berufliche Erfahrung	Medizinische Bademeisterin in Kurzentrum	Sport; Unterstützung der Mutter bei Reha-Maßnahme
Florian Franke, 38	Speditionskaufmann/Verkehrsfachwirt, Leiter in Speditionen	Eheprobleme Alkoholismus Arbeitslosigkeit	Verwaltungstätigkeit in Spedition oder Großhandel	Führungskraft, Handballtrainer
Günter Grube, 43	Ungelernter Fabrik- und Gartenbauarbeiter	Keine Ausbildung, Strafvollzug	Gärtnergehilfe in Baumarkt, Baumschule etc.	»Grüner Daumen«, handwerkliches Geschick
Henrike Helmich, 47	Haushaltshilfe mit handwerklicher und kaufmännischer Vorbildung	Keine kaufmännische Ausbildung, wenig PC-Praxis, schon älter; Frührentnerin	Geringfügige Beschäftigung im Büro mit PC-Anwendung	Gute Allgemeinbildung, flexibel, interessante Hobbys
Ingo Imker, 50	Fliesenleger, Maurer, Polier	Längere Krankheit (Rücken), höheres Alter	Sachbearbeiter mit Beratungsaufgaben in der Handwerkskammer	Improvisation, Ruhe, Unterstützung beim Geschäftsaufbau des Schwiegersohnes
Jürgen Julius, 53	Freiberuflicher Handelsvertreter für Bücher, abgebrochenes BWL-Studium	Wegen Führerscheinverlust arbeitslos, Patchwork-Karriere, Alter	Auftrag als Handelsvertreter für Zeitschriften	Gebildet, seriös, Verkaufstalent

Anna Ahlemann

Mit ihren 19 Jahren ist sie noch sehr jung. Nach dem erweiterten Hauptschulabschluss hat sie eine Lehre als Tischlerin begonnen, jedoch nach zwei Jahren abgebrochen.

Anna möchte gern in einem Klavier- oder Gitarrengeschäft jobben, um ihre Chancen zu erhöhen, später einen Ausbildungsplatz als Musikinstrumentenbauerin zu bekommen. Seit zwei Jahren spielt sie Keyboard und Bass in einer Band, ist sehr geschickt, kreativ und kommunikativ. **(➔ Seite 24)**

Birgitta Behrens

Im Anschluss an ihre Frisörlehre hatte Birgitta innerhalb kurzer Zeit drei Anstellungsverhältnisse. Sie beschloss, ihren Realschulabschluss nachzuholen. Die folgenden sechs Stellen kündigte sie, bis auf eine Ausnahme, selber. Sie ist 24 Jahre alt.

Nun will sie mehr als nur Haare waschen, schneiden und wegfegen. Sie bewirbt sich in einem »szenigen« Frisörläden mit ihrer Spezialität Schminken und Stilberatung.

Ihre Freunde berät sie seit langem erfolgreich beim Styling und in Sachen Outfit und hat gute Kontakte zu Visagisten. Bereits zweimal hat sie eine Tanzgruppe für den Kölner Karneval fantasievoll geschminkt.
(➔ Seite 29)

Christopher Clement

Christopher hat eine Ausbildung als Drucker in einem Industrieunternehmen absolviert. Seit Jahren ist er aktives Betriebsratsmitglied und dafür von seiner eigentlichen Tätigkeit größtenteils freigestellt. Dies bringt den Nachteil mit sich, dass er mit technischen Neuerungen wenig praktische Erfahrungen besitzt. Aus eigenem Interesse hat er sich nebenberuflich in Betriebswirtschaft fortbilden lassen. Er ist 28 Jahre alt.

Da sein Arbeitgeber demnächst wegzieht und er aus familiären Gründen in seinem Heimatort bleiben will, bewirbt sich Christopher Clement bei einem kleinen Druckereibetrieb, der mittelfristig einen Geschäftsnachfolger sucht, als Assistent des jetzigen Geschäftsführers. Christopher kann gut kalkulieren und besitzt Erfahrung in Verhandlungsführung. Im Kaninchenzüchterverein übt er die Funktion des Kassenwartes aus und organisiert Veranstaltungen. **(➔ Seite 35)**

Doran Demdic

Doran stammt aus dem ehemaligen Jugoslawien, hat jedoch inzwischen die deutsche Staatsbürgerschaft. Leider lassen seine Deutschkenntnisse einiges zu wünschen übrig. Nach dem Besuch der Realschule, die er nicht abschloss, ließ sich Doran Demdic zum Gas- und Wasserinstallateur ausbilden. Er arbeitete als Monteur bei einer kleinen Firma, bis diese in Konkurs ging. Inzwischen ist er zwei Jahre arbeitslos, hilft jedoch zuweilen bei Nachbarn und Bekannten mit seinem handwerklichen Können aus (überwiegend »schwarz«). Er ist 30 Jahre alt und bewirbt sich als Handwerker bei einer Firma für Sanitär-Heizung-Klima in Berlin-Wedding, die viele Aufgaben eines Hausmeisters für benachbarte Wohnanlagen übernommen hat. Doran will seiner Familie finanzielle Sicherheit bieten und ist davon überzeugt, dass sein handwerkliches Geschick und sein umgängliches Wesen eine gute Grundlage für den Job bieten.

Wichtig hierbei könnten seine serbokroatischen Sprachkenntnisse und die Erfahrung im Umgang mit Landsleuten sein. Außerdem kann man ihn als handwerkliches »Universalgenie« bezeichnen. **(➔ Seite 45)**

Edeltraud Emmerich

Nach dem Schulabgang (kurz vor der Abiturprüfung) verbrachte Edeltraut Emmerich zunächst zwei Jahre mit Reisen und als Au-pair-Mädchen. Seitdem übte sie die erlernte Tätigkeit einer Altenpflegerin aus, was sie jedoch zunehmend psychisch belastete. Daher hat sie sich zur Masseurin und medizinischen Bademeisterin umschulen lassen. Frau Emmerich ist 36 Jahre alt.

Da sie ortsungebunden ist, bewirbt sie sich in einem Thüringer Thermalbad als medizinische Bademeisterin, speziell für Hydrotherapie, gern auch bei Senioren.

Sie treibt intensiv Sport und unterstützt ihre Mutter darin, nach einer Operation Bewegungsfähigkeit und Kraft wiederzuerlangen. **(➔ Seite 52)**

Florian Franke

Mit seiner Ausbildung als Speditionskaufmann und erfolgreicher Berufspraxis wurde Herr Franke bald Leiter in zwei Speditionen. Dann ließ er sich zum Verkehrsfachwirt fortbilden. Nach heftigen Eheproblemen verfiel er dem Alkohol und wurde arbeitslos. Durch eine Entziehungskur fing er sich jedoch wieder. Herr Franke ist 38 Jahre alt.

Jetzt sucht er Arbeit, zurzeit nicht in leitender Position, in der Organisation bzw. Verwaltung von Speditionen oder in einem Großmarkt – außer im Bereich Spirituosen!

Herr Franke besitzt Organisationstalent, Führungserfahrung und trainiert die Handballmannschaft eines Sportvereins. **(→ Seite 68)**

Günter Grube

Herr Grube war lange als ungelernter Fabrik- und Bauarbeiter tätig. Dann geriet er auf die »schiefe Bahn« und wurde wegen Hehlerei zu einer einjährigen Haftstrafe (leider ohne Bewährung) verurteilt. Im Gewächshaus der Haftanstalt begann er seine neue »Karriere«: Seit seiner Entlassung ist er privat (bzw. »schwarz«) in der Gartenpflege tätig. Herr Grube ist 43 Jahre alt.

Er sucht eine Stelle als Hilfsarbeiter oder Verkaufshilfe in den Pflanzenabteilungen von Baumärkten, in Baumschulen etc. – legale Arbeit an der frischen Luft!

Sein »grüner Daumen« verhilft Herrn Grube zu erfolgreicher Zucht und Pflege seiner eigenen Pflanzen und zu zufriedenen Kunden, die er auch gerne und geschickt berät. **(→ Seite 80)**

Henrike Helmich

Wegen einer länger zurückliegenden, schweren Krebserkrankung ist Frau Helmich Frührentnerin. Ihre Erstausbildung hat sie im Handwerk absolviert, dann jedoch mit großem Erfolg im Leipziger Messezentrum gearbeitet. Nach überstandener schwerer Krankheit musste sie kürzer treten, weswegen sie geringfügige Beschäftigungsverhältnisse in der Pflege, im Verkauf, Haushalt und als Putzkraft, kombiniert mit Bürohilfsarbeiten, ausübte. Frau Helmich ist 47 Jahre alt.

Sie will nicht länger körperlich anstrengende Arbeiten verrichten, die ihrer Gesundheit schaden. Aus eigenem Interesse hat sie an PC-Fortbildungen teilgenommen und zu Hause sehr viel geübt. Nun sucht sie dringend einen Job als geringfügig Beschäftigte im Büro. Auch ohne Abitur und Studium hat Frau Helmich eine umfangreiche Allgemeinbildung, politisches Interesse und ein ungewöhnliches Hobby, das brasilianische Trommeln. Sie findet leicht Kontakt und kann sich gut ausdrücken. **(→ Seite 88)**

Ingo Imker

Ein gestandener Handwerker: Herr Imker ist Fliesenleger, hat auch als Maurer gearbeitet und war jahrelang Polier auf verschiedenen Großbaustellen in den neuen Bundesländern. Nach einem Bandscheibenvorfall musste er zehn Monate krank geschrieben werden. Inzwischen 50 Jahre alt, fällt es ihm schwer, wieder eine Anstellung zu finden.

Er möchte gern an seine Praxiserfahrungen und Führungsverantwortung anknüpfen. Daher bewirbt er sich auf eigene Initiative als Sachbearbeiter mit Beratungsaufgaben in einer Handwerkskammer.

Herr Imker kann gut improvisieren und lässt sich nicht aus der Ruhe bringen. Seinen Schwiegersohn unterstützt er beim Aufbau eines kleinen Heimwerkerladens. **(→ Seite 95)**

Jürgen Julius

Der einzige Freiberufler unter unseren Bewerbern: Jürgen Julius ist Handelsvertreter für Bücher. Nach einem abgebrochenen Studium der Betriebswirtschaft (Fachhochschule) versuchte er sich in verschiedenen Geschäftsfeldern und hielt sich als Taxifahrer über Wasser. Seine Handelsvertretertätigkeit der letzten 13 Jahre brachte ihm endlich beruflichen Erfolg. Daher stellt es seine Existenz infrage, dass ihm sein Führerschein vor zwei Monaten wegen leichter Überschreitung der Promillegrenze für ein halbes Jahr entzogen wurde. Er ist 53 Jahre alt.

Herr Julius hat von einem Auftrag als Handelsvertreter für Zeitschriften erfahren. Ohne Führerschein kann Herr Julius diese Tätigkeit nicht ausführen. Er muss versuchen, den Auftrag zu sichern, jedoch mit einer harmlosen Erklärung hinauszuschieben, bis er seinen Führerschein wieder in den Händen hält. Seine Bewerbung sollte sich deutlich von der als Angestellter unterscheiden.

Er wirkt sehr gebildet, besitzt ausgezeichnete Umgangsformen und hat mit seinem Verkaufstalent schon so manchen Unsicheren zu einer Kaufentscheidung bewogen. **(→ Seite 101)**

So, jetzt aber genug der Vorworte. Anhand der folgenden Beispiele und Kommentare können Sie erkennen und lernen, worauf es bei der schweren Aufgabe »Bewerbung« ankommt! Im Anschluss an die jeweiligen Unterlagen lesen Sie wieder unseren ausführlichen Kommentar, der gezielt die Stärken und Schwächen benennt.

Musikalienhandlung Schröder
Jedermannplatz 8

20188 Hamburg

Anna Ahlemann
Hortensienstraße 6
22888 Hamburg

Hamburg, den 11.2.2003

Sehr geehrter Herr Schröder,

hiermit bewerbe ich mich um die Stelle der Hilfskraft in Ihrem Laden.

Viele Grüße von Ihrer Anna Ahlemann

Lebenslauf

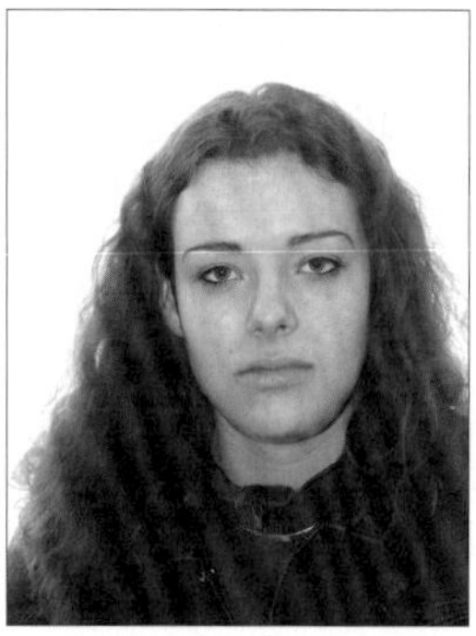

Geburt von Anna Ahlemann am 21.8.1983 in Stade

Eltern:
Mutter: Hanna Ahlemann, geb. am 3.3.1962 (Erzieherin)
Vater: Erich Völkel, geb. am 25.7.1961 (Straßenmusikant)

Geschwister:
Tobias, geb. am 3.5.1986
Maria, geb. am 1.1.1992

Umzug nach Hamburg: 3.6.1988

Einschulung in Grundschule: 1.9.1990
Wechsel auf Felix-Mendelson-Oberschule: 24.8.1994
Erweiterter Hauptschulabschluss: 13.6.2000 (Notendurchschnitt: 2,4)

Lehre als Tischlerin bei Tischlerei Holz-As: 1.9.2000
Abbruch der Lehre: 3.10.2002

Auszug von Mutter zu meinem Freund: 20.9.2002

Seitdem: viel mit meiner Band geprobt, wo ich Bass und Keyboard spiele, ein paar Auftritte im Jugendheim und Probenkeller ausgebaut

anna ahlemann

hortensienstraße 6   22888 hamburg   tel.: 040/261 34 49   email: rumor-anna@undergr.de

Herrn Stubenrauch
Musikalienhandlung Schröder
Jedermannplatz 8

20188 Hamburg

Hamburg, 11.2.2003

Anzeige im Hamburger Kurier vom 7.2.03
– Handwerklich versierte Hilfskraft –

Sehr geehrter Herr Stubenrauch,

als Bass- und Keyboardspielerin in einer Band fühle ich mich von Ihrer Anzeige sehr angesprochen. Ich stamme aus einer musikalischen Familie und spiele seit meiner Kindheit Klavier.

Durch meine Tischlerlehre fällt es mir leicht und bringt es mir großen Spaß, meine Instrumente selber zu reparieren. Buchhaltungskenntnisse habe ich in der Hauptschule erworben.

Die von Ihnen beschriebenen Aufgaben sind für mich eine Herausforderung, der ich mich gerne stelle. Ich arbeite gründlich und bin sehr daran interessiert, Berufspraxis zu gewinnen und meine beruflichen Möglichkeiten auszubauen.

Gern suche ich Sie in Ihrem Geschäft auf, damit Sie mich persönlich kennen lernen.

Mit freundlichen Grüßen

Anna Ahlemann

Anlagen

 → *Kommentar Seite 28*

Lebenslauf

Persönliches

- Anna Ahlemann
- Hortensienstraße 6, 20888 Hamburg,
  Tel. 040/261 34 49
- Geburt am 21.8.1983 in Stade
- Eltern: Hanna Ahlemann, Erzieherin,
  und Erich Völkel, Musiker
- Zwei jüngere Geschwister
- Umzug nach Hamburg: 1988

Schule

09/1990 – 08/1994	Grundschule in Hamburg
09/1994 – 08/2000	Felix-Mendelson-Oberschule, Hamburg Erweiterter Hauptschulabschluss (Note: gut)

Berufsausbildung

09/2000 – 10/2002	Tischler-Ausbildung bei Tischlerei Holz-As, Hamburg

Fortbildung

11/2002	Workshop „Webdesign“ im Jugendheim Cool

Hobbys, Engagement

Seit 04/2001	Mitglied der Band „Rumor“, Bass und Keyboard Auftritte im Jugendheim Cool Betreuung von Musik-Workshops für Kinder und Jugendliche Ausbau des Probenkellers im Jugendheim

Hamburg, 11.2.2003

Anna Ahlemann

Anlagen

Abschlusszeugnis der Felix-Mendelson-Oberschule
Arbeitszeugnis der Tischlerei Holz-As

Zu den Bewerbungen von Anna Ahlemann

Die Stellenanzeige im *Hamburger Kurier* lautete:

> **Musikalienhandlung Schröder** sucht handwerklich versierte Hilfskraft für kleinere Reparaturen, Reinigung und einfache Buchhaltungstätigkeiten, 20 Std./W., auch ungelernt

Anschreiben

Die **Version 1** des Anschreibens ist gründlich misslungen: Angefangen vom Briefkopf, in dem Adresse und Absender (ohne Telefonnummer!) nebeneinander stehen, einer veralteten Datumsangabe (»den«), der fehlenden Betreffzeile und dem falschen Ansprechpartner, denn Schröder ist der längst verstorbene Gründer der Musikalienhandlung! Mit einem einzigen Satz ist die Bewerbung eindeutig zu kurz und nichts sagend: Man sollte seine Bewerbungsabsicht auf andere Weise zum Ausdruck bringen. Besser wäre dann schon gewesen, Anna hätte die Musikalienhandlung direkt aufgesucht, was Kleinbetrieben durchaus entgegenkommen kann. Die Abschiedsformel (»Viele Grüße von Ihrer …«) klingt zu persönlich, der Hinweis auf Anlagen fehlt.

Version 2 besticht schon durch die kreative, grafisch ansprechende Absenderzeile. Frau Ahlemann kennt sich mit dem PC aus, was der Musikalienhandlung nur recht sein kann! Sie hat sich nach dem korrekten Ansprechpartner für ihre Bewerbung erkundigt. Im ersten Satz drückt sie ihre Motivation aus und geht im weiteren Text darauf ein, wieso sie für die Tätigkeit qualifiziert ist. Es ist völlig in Ordnung, dass sie an dieser Stelle den Abbruch ihrer Lehre noch nicht erwähnt. Mit dem Satz »Ich arbeite gründlich …« betont sie, dass sie zuverlässig arbeitet – auch beim Putzen. Sie deutet dezent ihren Wunsch an, später im Geschäft eine Ausbildung als Musikinstrumentenbauerin zu beginnen, ohne den Arbeitgeber unter Druck zu setzen.

Lebenslauf

Version 1 steht im seltsamen Gegensatz zum Anschreiben: Hier werden viele unnötige Details aufgezählt, z.B. die genauen Daten der Geburt von Eltern und Geschwistern, deren Namen sowie von Schule und Ausbildung. Die Zeitangaben sind nicht übersichtlich in einer Tabellenspalte aufgeführt, wie im Lebenslauf erforderlich. Den Auszug aus der mütterlichen Wohnung (womit auch unnötigerweise deutlich wird, dass die Eltern getrennt leben) braucht Frau Ahlemann nicht zu erwähnen. Ihre Angaben zur derzeitigen Beschäftigung hat sie ungeschickt formuliert und vergessen, den Webdesign-Kurs zu erwähnen. Datum und Unterschrift fehlen.

Die grafische Gestaltung von **Version 2** ist übersichtlich und ansprechend. Die persönlichen Daten erfüllen den Zweck, auch durch die geschicktere Bezeichnung des väterlichen Berufs. Wichtig ist die Erwähnung des Kurses, der für die Musikalienhandlung Perspektiven aufzeigen kann, sowie der Aktivitäten im Jugendheim: Sie zeugen von handwerklichem Können, Kreativität und sozialer Verantwortung – Frau Ahlemann ist noch sehr jung, aber nach einer Neuorientierungsphase fleißig und zielstrebig. Das abschließende Datum, Unterschrift und Anlagenverzeichnis runden den Lebenslauf ab.

Köln, 12.Februar 2003

Birgitta Behrens
Lütticher Str. 4
51149 Köln
Tel.: 0175/6432211

Hair & Style
Bonner Allee 223
50968 Köln

Blindbewerbung in Ihrem Haarstudio als Frisör und Stylist

Sehr geehrte Dame,
ich bin gelernte Frisörin und habe viel Erfahrung. Nach dem Hauptschulabschluss habe ich bei einem Frisörladen gelernt und dann noch knapp 1 Jahr in zweien gearbeitet.

Danach habe ich mich entschlossen, meinen Realschulabschluss nachzuholen und dies auch getan. Leider habe ich danach keine Stellung als Verkäuferin in einer Drogerie bekommen und daher wieder in mehreren Frisörläden gearbeitet. Bei den meisten habe ich selber aufgehört, weil ich immer nur Haare waschen und wegfegen musste und hinterher noch den ganzen Laden putzen. Insgesamt habe ich etwa 4 Jahre bei 6 Salons zugebracht und dabei auch viel gelernt.

Ich weiß, das waren zu viele Wechsel, aber damit ist jetzt Schluss, ich will beständiger werden! Ich kann alles, was man können muss und noch viel mehr. Ich berate Freunde wie sie am coolsten aussehen bei Haarstyling, Outfit und Schminke. Selbst beim Karneval habe ich eine Tanzgruppe so geschminkt, dass ihre besten Freunde sie nicht erkannt haben. Nun möchte ich Ihnen anbieten, dass Sie mir die Gelegenheit geben Ihre Kunden zusätzlich zum Haare schneiden zu schminken und zu beraten, was sie anziehen sollen. Damit war ich immer sehr erfolgreich.
Ihr Laden sieht von außen so aus, dass es mir dort sicher gut gefallen würde. Bitte überlegen Sie es sich, Sie werden es nicht bereuen!

Hochachtungsvoll Birgitta Behrens

Außer dem Foto oben sende ich Ihnen noch meinen Lebenslauf, damit Sie sich besser vorstellen können, wer ich bin und das ich in Ihren Laden passe.

Berlin, 12. Februar 2003

Lebenslauf von Birgitta Behrens

Am 1. Februar 1979 wurde ich als Tochter der Gunna Behrens und des Gerfried Behrens in Wuppertal geboren. Ich bin die jüngste von 5 Kindern. Weil mein Vater Versicherungsvertreter war, zogen wir oft um, sodass ich oft die Schule wechseln musste. Ich bin noch nicht verheiratet und habe keine Kinder.

Schule
1985 Einschulung in die 3. Grundschule von Hamm
1986 Wechsel zur Salomon-Grundschule in Bonn
1989 Wechsel in die Rheingau-Gesamtschule von Köln
1992-1994 Wechsel zur Adenauer-Hauptschule in Köln, Schulabschluss

Beruf
1994-1997 Salon Brigitte: Ausbildung
1997 Salon Damen und Herren Müller
1997 Haarstudio Schulze

Schule
1998-1999 Oberstufenzentrum Köln-Bayental, Realschulabschluss

Beruf
1999 Lang, Mittel oder Kurz?
1999 Frisör am Bahnhof
2000 Cut
2001 Salon Leopold
2001 Hairlounge Umberto
2002 Frisör im Turm

Meine besonderen Stärken sind:
Beratung in Styling (Haare und Gesicht) sowie Cooles Outfit
2001, 2002 Schminken der Gruppe „Die Marsmenschen" beim Kölner Karneval

Meine übrigen Hobbys sind:
Freunde treffen, Tanzen, Videos, Computerspiele

→ *Kommentar Seite 33*

Birgitta Behrens
24 Jahre alt
Lütticher Str. 4
51149 Köln
Tel.: 0175/6432211

Edda Robert
Hair & Style
Bonner Allee 223

50968 Köln

Köln, 12.2.2003

Kurzbewerbung als Frisörin/Stylistin

Sehr geehrte Frau Robert,

Ihr Geschäft scheint vor allem junges, unkonventionelles Publikum anzuziehen - ein attraktiver Anknüpfungspunkt für mich. Als vielseitige und kreative Frisörin sowie Stylistin würde ich Ihren Kunden gern einen Rundum-Service bieten: Haarstyling, Schminken sowie Outfit-Beratung.

Auf der Grundlage einer Frisör-Lehre sammelte ich vielseitige, jahrelange Berufserfahrung. Bei meiner letzten Anstellung, die leider wegen Geschäftsaufgabe vorzeitig endete, begann ich mit der Outfitberatung. In meiner Freizeit berate ich Freunde erfolgreich darin, wie sie am coolsten aussehen können. Selbst Visagisten sind beeindruckt von meinen Ergebnissen. Weitere Highlights in meiner beruflichen Entwicklung stellen die letzten beiden Karnevalsumzüge dar, bei denen ich eine Tanzgruppe durch fantasievolle Schminke völlig veränderte.

Nach dieser ersten Kontaktaufnahme möchte ich Sie demnächst persönlich in Ihrem Geschäft aufsuchen und bitte hierfür um einen Termin. Bei dieser Gelegenheit übergebe ich Ihnen gern meinen Lebenslauf, Zeugnisse und weitere Fotos, die mich bei meiner Arbeit und mit meinen zufriedenen Kunden zeigen.

Mit freundlichen Grüßen

Birgitta Behrens

Birgitta Behrens
Geb. am 1.2.1979 in Wuppertal; ledig
Lütticher Str. 4
51149 Köln
Tel.: 0175/6432211

Schule

1985 - 1989	Grundschulen in Hamm und Bonn
1989 - 1994	Oberschulen in Köln, Hauptschulabschluss
1998 - 1999	Oberstufenzentrum Köln-Bayental, Realschulabschluss

Berufspraxis

1994 - 1997	Salon Brigitte: Ausbildung als Frisörin, Bonn
1999 - 2000	„Wanderjahre" als Frisörin in Köln und Düsseldorf
2001	Hairlounge Umberto, Köln: Special in Turmfrisuren
seit 2002	Frisör im Turm, Köln: Haarstyling und Outfitberatung

Besondere Fähigkeiten und Erfolge

→ Kreatives Styling (Haare und Gesicht)
→ Beratung zu Outfit
→ Schminken der Gruppe „Die Marsmenschen" beim Kölner Karneval

Köln, 12.2.2003

Anlagen: Zeugnisse

 → *Kommentar Seite 33*

Zu den Bewerbungen von Birgitta Behrens

Frau Behrens bewirbt sich initiativ, d.h. aus eigenem Antrieb, ohne dass es eine Stellenausschreibung gegeben hat. Gleichzeitig ist dies ein Beispiel für eine Kurzbewerbung, die mit einer Seite Lebenslauf auskommt.

Anschreiben

In der **Version 1** fällt sofort die Orts- und Datumszeile ins Auge, die weiter unten stehen müsste. Das Foto weckt Aufmerksamkeit und wirkt positiv. Die Schreibweise der Adresse scheint falsch zu sein. Richtig heißt es: Bonner Allee! Die Bezeichnung »Blindbewerbung« kennzeichnet die »Blindheit« der Absenderin. Die Anrede »Sehr geehrte Dame« ist unüblich und sollte durch den Namen ersetzt werden. Außerdem fehlt hier eine Leerzeile. Die folgende Aufzählung von Arbeitsstellen mit Zeitangabe (noch dazu als Ziffer!) bringt leider klar zum Ausdruck, wie unstetig ihr Arbeitsleben verlaufen ist. Hinzu kommt: Sie schreibt zu ehrlich, was sie denkt (»musste putzen«, »ich weiß, das waren zu viele Wechsel«), das macht sie angreifbar. Auch der Satz »Bitte überlegen Sie es sich, Sie werden es nicht bereuen« wirkt anbiedernd. Die Formulierung »Hochachtungsvoll« wird in Bewerbungen nicht mehr verwendet, erst recht nicht in einem »flippigen« Laden. Der letzte Satz zeugt zwar von Einfallsreichtum, aber auch von mangelnden Rechtschreibkenntnissen.

Auch die **Version 2** enthält ein (eingescanntes) Foto der Bewerberin. Dies hat jedoch den Grund, dass Frau Behrens zunächst nur das Anschreiben schicken will, das – in leicht abgewandelter Form – auch auf die Bewerbung bei drei weiteren Frisörläden passt. Nach diesem Schritt beabsichtigt sie, persönlich vorbeizuschauen und bei Interesse ihren Lebenslauf mitzubringen. Die Anordnung der persönlichen Angaben (einschließlich Alter) neben dem Foto lässt diesen Block als originellen Absender erscheinen. Frau Behrens hat den Namen der Chefin in Erfahrung gebracht und die Datums- sowie die Betreffzeile korrekt angegeben. Die senkrechte Linie neben Absender und Adresse unterstreichen die kreative Bewerbung. Im ersten Abschnitt begründet Frau Behrens die Wahl des Geschäftes für ihre Bewerbung und stellt kurz da, welches ihr besonderer Schwerpunkt sein könnte. Ihre (zu) vielen Wechsel fasst sie elegant zusammen und spricht die Erweiterung ihrer Fähigkeiten an (Outfitberatung). Ihr Erfolg bei Freunden, Visagisten und Karneval wirkt überzeugend, die umgangssprachliche Formulierung »cool« passt zu ihrem Wunscharbeitgeber. Im letzten Abschnitt beschreibt Frau Behrens, wie sie sich das weitere Vorgehen vorstellt: Die Ansprechpartnerin kann sich einen Termin überlegen oder sie noch rechtzeitig vom Besuch abhalten.

Lebenslauf

Version 1 beginnt, wie das Anschreiben, mit der Datumszeile, die unbedingt an das Ende eines Lebenslaufs gehört. Der erste Abschnitt enthält zwar die wichtigsten Angaben (bis auf die Adresse), erinnert aber mit der Erzählform eher an einen Aufsatz. Die folgende Darstellung zeigt durch die Überschriften Struktur. Durch den streng chronologischen Ablauf kommt es jedoch zu einem Hin und Her zwischen Schule und Beruf. Die Zeitangaben hat Frau Behrens alle links angeordnet, aber nicht wie die Spalte einer Tabelle. Die Aufzählung aller Stellen zeugt von der Sprunghaftigkeit der Kandidatin – gut, dass sie nicht noch den Grund des Wechsels angegeben hat. Eine gute Idee sind die »Stärken«, während die Hobbys so durchschnittlich für eine junge Frau sind, dass sie nicht unbedingt erwähnt werden müssen. Ein weiterer Fehler: Sie hat ihre Unterschrift vergessen!

Der bei Interesse übergebene Lebenslauf (er könnte aber auch gleich beigelegt werden) von **Version 2** erinnert mit dem Absenderblock an das Anschreiben, enthält jedoch die genauen Daten zu Geburt und Familienstand. Die Angaben der Eltern und deren Berufe können in diesem Alter noch gemacht werden, ohne lächerlich zu wirken, sind aber wegen der Berufserfahrung der Kandidatin entbehrlich. Die Bezeichnung »Lebenslauf« kann bei einer so übersichtlichen Darstellung der Lebensstationen entfallen. Mit einer ähnlichen Formatierung der Kategorien wie die Adresse des Anschreibens kann der Empfänger leicht einen inhaltlichen Zusammenhang darstellen. In dieser Version hat Frau Behrens ihre schulische Laufbahn zusammengefasst: Grundschulen, Oberschulen und der nachgeholte Realschulabschluss, bei dem sie den Namen der Schule erwähnt. Für ihre häufigen Arbeitgeberwechsel hat sie einen passenden Vergleich gefunden: »Wanderjahre«, auch heute noch bei Zimmerleuten üblich, schafft Sympathie und zeugt von Flexibilität. Ihre beiden letzten Stellen führt sie einzeln auf, weil sie größere Bedeutung haben und auch durch Arbeitszeugnisse belegt werden. Ihre Spezialitäten nennt sie geschickt »Besondere Fähigkeiten und Erfolge«. Ein Lebenslauf, der Charakter hat!

Rechtschreibfehler

Seite 29

Zeile 1: Hinter dem Punkt zwischen »Tag« und »Monat« fehlt ein Leerzeichen
Zeile 9: Frisör und Stylist → Friseurin und Stylistin
Zeile 14: nachzuholen und → nachzuholen, und
Zeile 21: muss und → muss, und
Zeile 22: Freunde wie → Freunde, wie
Zeile 22: aussehen bei → aussehen, bei
Zeile 24: sie mir → Sie mir
Zeile 25: geben Ihre → geben, Ihre
Zeile 25: Haare schneiden → Haareschneiden
Zeile 31: das ich → dass ich

Seite 30

Zeile 4: die jüngste → das jüngste
Zeile 26: Cooles Outfit → coolem Outfit

Ein Anschreiben zu formulieren ist schon eine schwierige Angelegenheit. Weder ganz kurz (und damit nichtsagend) wie bei Anna Ahlemann (1. Version), noch so blumig und geschwätzig wie das bei Birgitta Behrens darf es sein. Sie konnten sich nun auch die verbesserte Version anschauen und vergleichen. Wichtig beim Anschreiben ist es, in kurzen, aber überzeugenden Sätzen zu präsentieren, warum man sich bewirbt und was man anzubieten hat.

Tipp

Entwickeln sie Ihr Anschreiben erst, nachdem Sie Ihren beruflichen Werdegang, den Lebenslauf, zu Papier gebracht haben und mit dem Ergebnis zufrieden sind.

Wie es jetzt weiter geht

Das Internet wird immer wichtiger, auch für die Arbeitsplatzsuche und als Transportmedium, um sich schnell per E-Mail zu bewerben. Worauf es hier ankommt lernen Sie im nächsten Beispiel.

Auch wenn Sie hier das Anschreiben vor dem Lebenslauf lesen, so wird doch beim schnellen Aussortieren durch einen routinierten Personalauswähler das Anschreiben erst nach dem »Studium« des Lebenslaufs gelesen und bewertet.

Zunächst interessiert den Profi, ob der/die Bewerber/in aufgrund seiner/ihrer aktuellen beruflichen Situation überhaupt dafür infrage kommt, im Unternehmen eine Aufgabe zu übernehmen. Dazu gehört neben der Beurteilung der Jetzt-Situation vor allem, wie sich der berufliche Werdegang entwickelt hat und welche Ausbildungsabschlüsse vorliegen. Hier haben sich für die Darstellung des Lebenslaufs bestimmte Themen und Abfolgen herausgebildet. Sie finden auf den Seiten 64 und 65 weitere Informationen dazu – und werden hoffentlich durch die vielen Beispiele in diesem Buch angeregt, eine für sich passende Form entdecken, die den Leser Ihrer Unterlagen überzeugt.

Wichtig zu wissen

Zusätzlich zu der Einschätzung der aktuellen beruflichen Situation, des Werdeganges und der (Aus-)Bildungsabschlüsse, schaut der Profi auch auf die »Extras«, wie besondere Kenntnisse, Hobbys und Engagements. Hier kann man viel über die Persönlichkeit des Bewerbers erfahren und dies mit einem weiteren persönlichen Eindruck, den man ganz zu Anfang durch das Foto gewonnen hat, kombinieren. Es ist schon eine unheimlich starke Kraft, die von einem Bild ausgeht und der man sich kaum entziehen kann.

Auch Ihnen, liebe Leserin, lieber Leser, wird es wohl ähnlich gehen. Sie werden ebenfalls, bevor Sie sich in den Lebenslauf einlesen, einen Blick auf das Foto werfen und dann schnell für sich feststellen: sympathisch, neutral oder eben leider nicht. Beobachten Sie sich einmal selbst, wie Sie jetzt weiter vorgehen …

Nachr. abrufen | Neue Nachr. | Antworten | Antwort an alle | Weiterleiten | Ablegen | Nächste | Drucken

Sehr geehrter Herr Hohenstein,

da mein bisheriger Arbeitgeber nächstes Jahr ins Ausland ziehen wird und ich hier familiär gebunden bin, suche ich nach einer neuen Stelle. Ihre Stellenausschreibung hat sofort meine Aufmerksamkeit erregt.

Ich bin nicht nur fachlich versiert, sondern auch mit Personalfragestellungen vertraut, unter anderem als langjähriges Betriebsratsmitglied und als ausbildende Fachkraft. In meinem Betrieb wird mir von den meisten Beschäftigten großes Vertrauen entgegen gebracht. In Betriebswirtschaft habe ich mich durch ein Fernstudium fortbilden lassen. Als gelernter Offsetdrucker kenne ich mich mit allen Arbeits- und Kontrollfertigkeiten zur Herstellung von Verpackungen aus, in unserem Betrieb produzieren wir hochwertige Faltschachteln.

Wie ich Ihrer Anzeige entnehme, brauchen Sie in den nächsten Jahren einen Nachfolger für Ihre Druckerei. Auch daran bin ich sehr interessiert, da es mich reizt, mich selbständig zu machen, obwohl ich noch jung bin. Aufgrund einer größeren Erbschaft bin ich finanziell dazu in der Lage. Gern nehme ich an einem Ausbilderkurs teil, um die volle Ausbildungsberechtigung zu erwerben.

Ich bin auch in meiner Freizeit aktiv: Im Kaninchenzüchterverein „Langohren“ bin ich Schatzmeister und bereite die Zuchtschauen vor. Außerdem spiele ich Fußball und bin seit zwei Monaten der Mannschaftskapitän. Ein künstlerisches Hobby von mir ist das Gestalten von Grußkarten am häuslichen PC. Last but not least bin ich mit Leib und Seele Vater einer 17-monatigen Tochter.

Unten finden Sie meinen Lebenslauf mit einem eingescannten Foto. Gern lasse ich Ihnen noch Zeugnisse zukommen. Ich würde mich sehr über die Einladung zu einem Vorstellungsgespräch freuen.

Mit freundlichen Grüßen,

Christopher Clement

Nachr. abrufen Neue Nachr. Antworten Antwort an alle Weiterleiten Ablegen Nächste Drucken

Christopher Clement

Dorfstr. 11, 89598 Mühlenbach, Tel.: (07923) 883 561

Geboren am 11.2.1975 in Neu-Ulm
Verheiratet, ein Kind

Stationen meines Lebens

Berufspraxis

Dez. 1995 – Juni 1996:
Sievers-GmbH, Ulm
prozessorientierte Mess- und Prüfarbeiten an Druckmaschine und Fortdruck, Behebung von drucktechnischen Schwierigkeiten

seit Juli 1996:
Hammer Drucktechnik AG, Biberach
Steuerung von Arbeitsvorgängen zur Herstellung hochwertiger Faltschachteln für die pharmazeutische und die kosmetische Industrie; ausbildende Fachkraft; seit Ende 2000 im Betriebsrat

Berufliche Weiterbildung

Aug. 1997 – Juli 1999:
Fernstudium „Betriebswirtschaft“ am Technik-Kolleg Ulm

Jan. 2001:
„Effektiv verhandeln und argumentieren“, Bildungswerk der IG Druck, Biberach

Okt. 2002:
„Präsentieren und visualisieren“, Bildungswerk IG Druck, Biberach

Wehrersatzdienst

Nov. 1994 – Nov. 1995:
Behindertenheim in Neu-Ulm

 → Kommentar Seite 43

Nachr. abrufen | Neue Nachr. | Antworten | Antwort an alle | Weiterleiten | Ablegen | Nächste | Drucken

Schul- und Berufsausbildung

1981 – 1991:
Grundschule und Realschule in Neu-Ulm

Sept. 1991 – Juli 1994:
Ausbildung zum Drucker, Fachrichtung Flachdruck, Sievers-GmbH, Ulm

Besondere Kenntnisse

Gute Sprachkenntnisse in Englisch und Französisch

PC-Kenntnisse: MS Office-Programme, Photoshop, Corel Draw, MS Project

Interessen, ehrenamtliche Tätigkeiten

Gestaltung von Grußkarten und Briefbögen

Kapitän der Fußballmannschaft „SC Oberwurzbach“

Kassenwart und Veranstaltungs-Organisation im Kaninchenzüchterverein „Langohren“, Mühlenbach

Mühlenbach, 3. März 2003

Christopher Clement

Nachr. abrufen | Neue Nachr. | Antworten | Antwort an alle | Weiterleiten | Ablegen | Nächste | Drucken

Sehr geehrter Herr Hohenstein,

nach unserem anregenden Telefonat wende ich mich, wie vereinbart, auf elektronischem Weg an Sie. Ihre Stellenausschreibung hat sofort mein besonderes Interesse gefunden, da die Position des Assistenten Ihres Geschäftsführers eine attraktive Herausforderung für mich darstellt. Zudem strebe ich mittelfristig an, mich selbständig zu machen – Unternehmergeist und Verhandlungsgeschick bewies ich bereits in vielfältigen betrieblichen und außerbetrieblichen Zusammenhängen.

Zu meiner Person:

- gelernter Offsetdrucker, erfahren mit allen Arbeits- und Kontrolltätigkeiten bei der Herstellung hochwertiger Verpackungen
- Betriebswirtschaftskenntnisse aus zweijährigem Fernstudium und aus der Teilverantwortung für den Einkauf
- Umfassende Erfahrungen mit Personalthemen und Arbeitsrecht, unter anderem als ausbildende Fachkraft;
Bereitschaft, die Ausbildungsberechtigung zu erwerben

Auch in meiner Freizeit übernehme ich Verantwortung für Finanzen und Personal:
Ich engagiere mich als Schatzmeister eines Vereins und als Kapitän einer Fußballmannschaft.

Meinen Lebenslauf mit dem eingescannten Foto füge ich Ihnen als Datei an. Gern lasse ich Ihnen Zeugnisse zukommen oder bringe sie zu einem persönlichen Gespräch mit, auf das ich mich freue.

Mit freundlichen Grüßen

Christopher Clement

Dorfstr. 11
89598 Mühlenbach
Tel.: (07923) 883 561

Anlage
Datei „LebenslaufChristopherClement.doc“ einschließlich einer Seite mit Angaben zu meiner Motivation (in der Version MS Word 97 – auf Wunsch auch gern in einer älteren Word-Version!)

 → *Kommentar Seite 43*

Christopher Clement

Dorfstr. 11
89598 Mühlenbach
Tel.: (07923) 883 561
Email: CC@aol.com

Zur Person:
Geboren am 11.2.1975 in Neu-Ulm
verheiratet, ein Kind

Qualifikation:
Offset-Drucker, Betriebswirt

Angestrebte Tätigkeit:
Assistent des Geschäftsführers

Unterlagen für Herrn Hohenstein, Druckerei Zöller

 → *Kommentar Seite 43*

Christopher Clement

Dorfstr. 1, 89598 Mühlenbach, Tel.: (07923) 883561, Email: CC@aol.com

Berufspraxis

seit Juli 1996	Hammer Drucktechnik AG, Biberach
	Steuerung von Arbeitsvorgängen zur Herstellung hochwertiger Faltschachteln (für die pharmazeutische und die kosmetische Industrie)
	Mitarbeit und Urlaubsvertretung in der Einkaufsabteilung
	Ausbildende Fachkraft
Dez. 1995 – Juni 1996	Sievers-GmbH, Ulm
	Prozessorientierte Mess- und Prüfarbeiten an Druckmaschine und Fortdruck, Behebung von drucktechnischen Schwierigkeiten

Berufliche Weiterbildung

Okt. 2002	Bildungswerk IG Druck, Biberach
	Präsentieren und visualisieren
Jan. 2001	Bildungswerk der IG Druck, Biberach
	Effektiv verhandeln und argumentieren
Aug. 1997 – Juli 1999	Technik-Kolleg Ulm
	Fernstudium Betriebswirtschaft

Schul- und Berufsausbildung

Sept. 1991 – Juli 1994	Sievers-GmbH, Ulm
	Ausbildung zum Drucker, Fachrichtung Flachdruck
1981 – 1991	Grundschule und Realschule in Neu-Ulm

Christopher Clement

Dorfstr. 1, 89598 Mühlenbach, Tel.: (07923) 883561, Email: CC@aol.com

Sonstiges

Nov. 1994 – Nov. 1995 Ersatzdienst im Behindertenheim Amalie, Neu-Ulm

Kenntnisse und Fähigkeiten

Gute Sprachkenntnisse in Englisch und Französisch

PC-Kenntnisse: MS Office-Programme, Photoshop, Corel Draw, MS Project

Interessen, Engagements

Kapitän der Fußballmannschaft von Oberwurzbach

Kassenwart und Veranstaltungs-Organisation im Kaninchenzüchterverein von Mühlenbach

Mühlenbach, 3. März 2003

Christopher Clement

- Zeugnisse und Zertifikate gern auf Anfrage -

 → *Kommentar Seite 43*

Christopher Clement

Dorfstr. 1, 89598 Mühlenbach, Tel.: (07923) 883561, Email: CC@aol.com

Ich bewerbe mich, ...

Das Geschäft eines Druckers habe ich „von der Pike auf“ gelernt und mir im Laufe der Berufspraxis weiterführende Fähigkeiten angeeignet: Von der Technik verlagerte ich meine Schwerpunkte zur Betriebswirtschaft und Personalarbeit.

Diese grundlegenden Kompetenzen habe ich in betrieblichen Zusammenhängen unter Beweis gestellt, besonders im Rahmen der Teilverantwortung für den Einkauf und der Ausbildung. Ich bin es gewohnt, selbständig oder im Team zu arbeiten. Meine Einsatzbereitschaft und Flexibilität beim Lösen verschiedener Problemfälle stoßen bei Vorgesetzten und Kollegen auf große Anerkennung. Mit kommunikativen Fähigkeiten und Einfühlungsvermögen gewinne ich leicht Vertrauen und führe erfolgreich Verhandlungen. Kreativität und Engagement runden mein Persönlichkeitsbild ab.

Trotz meiner jungen Jahre bin ich den täglichen Belastungen eines Geschäftsführungs-Assistenten gewachsen. Ich freue mich auf eine reizvolle Aufgabe, die Perspektive bietet – sie entspricht meinem Traum von einer verantwortlichen Stellung und späteren Selbständigkeit. Mein Ziel verliere ich nie aus den Augen.

... um etwas zu bewegen!

Mühlenbach, 3. März 2003

Christopher Clement

Zu den Bewerbungen von Christopher Clement

Er bewirbt sich auf folgende Stellenausschreibung:

ASSISTENT/IN DES GESCHÄFTSFÜHRERS

für Verpackungs-Druckereibetrieb (14 Beschäftigte) gesucht; mittelfristig besteht die Möglichkeit der Geschäftsübernahme.

Erforderlich sind

- Fachkenntnisse und Berufspraxis im Flachdruck
- Solide betriebswirtschaftliche Kenntnisse
- Unternehmergeist, Verhandlungsgeschick
- Kenntnisse in Personalführung und Arbeitsrecht
- Erfahrung als Ausbilder, möglichst mit Berechtigung

Bewerbung an: Druckerei Zöller,
Am Hufnagel 1, 88498 Riedlingen
Internet: www.zoellerdruck.de

Herr Clement holt über das Internet weitere Informationen ein und findet dabei auch den Ansprechpartner heraus. Als er ihn anruft, schlägt der Unternehmer dem Bewerber vor, seine Unterlagen per E-Mail zu schicken. Herr Clement vergisst leider zu fragen, ob auch Dateianhänge erwünscht sind.

Übrigens: Wenn Sie sich nach dem Duden richten wollen, schreiben Sie »E-Mail« mit Bindestrich. Die Schreibweise in einem Wort (Email) ist durchaus üblich, sofern sie konsequent durchgehalten wird.

Anschreiben

In der **Version 1** beginnt Herr Clement etwas ungeschickt damit, die Gründe darzulegen, die ihn von seinem jetzigen Betrieb wegtreiben. Die familiäre Bindung ist ein verständlicher Grund, in der Region einen neuen Arbeitsplatz zu suchen, kann aber als unflexibel ausgelegt werden. Das Anschreiben macht vom Aufbau her keinen schlechten Eindruck, Herr Clement wiederholt sich jedoch öfters: Zwei Absätze beginnen mit »Ich bin ...«. Noch vor den fachlichen Qualifikationen erwähnt er im zweiten Absatz seine Erfahrungen mit der Personalarbeit im Betriebsrat, was Zweifel aufkommen lassen könnte: Er sieht keine Probleme darin, vom Arbeitnehmervertreter zum Arbeitgebervertreter überzuwechseln, da er beide Seiten gut kennt – für einen potenziellen Arbeitgeber könnte dies (leider!) unverständlich sein. Die Formulierung »... wird mir von den *meisten* Beschäftigten großes Vertrauen entgegengebracht« schließt ein, dass dies nicht für alle Kollegen gilt! Gut, dass er Erfahrungen als ausbildende Fachkraft vorweisen kann! Im folgenden Abschnitt bringt er sein Interesse an der Geschäftsübernahme zum Ausdruck. Woher er das Geld dafür nehmen wird, interessiert im Moment nicht und gehört zu seinen Privatangelegenheiten. Die Ausführungen zu Hobbys sind rührend, aber in dieser Ausführlichkeit nicht angemessen.

In **Version 2** bezieht sich Herr Clement ausdrücklich auf das Telefonat und bringt sein Interesse klar zum Ausdruck. Er fasst kurz zusammen, was ihn auszeichnet, und zwar in der gleichen Reihenfolge wie in der Ausschreibung. Auf den Personalbereich geht er nicht näher ein, sondern beabsichtigt, seine Erfahrungen aus der Betriebsratstätigkeit persönlich zu erläutern, wenn es zu einem Gespräch kommt. Der Hinweis auf zwei wichtige Freizeitinteressen reicht aus, um seine Charakterstärken und Erfahrungen zu belegen. Im letzten Absatz spricht er sein geplantes weiteres Vorgehen an. Als Hilfestellung macht er Angaben über das Dateiformat des angehängten Lebenslaufes und zu weiteren Unterlagen.

Lebenslauf

Version 1 ist übersichtlich gegliedert: Innerhalb eines E-Mail-Textes sind keine aufwendigen Formatierungen möglich. Etwas schwer nachvollziehbar könnte sein, dass die Überschriften des Lebenslaufes mit den aktuellen Stationen der Berufspraxis anfangen und die älteren am Ende stehen (wie im »amerikanischen« Lebenslauf), die Zeiten jeweils aber umgekehrt sortiert sind, von den alten zu den neuen Daten. Herr Clement gibt den Wehrersatzdienst an, weil sonst über ein Jahr seines Lebenslaufes nicht erklärt wäre. Bei älteren Bewerbern und solchen, die nur Jahreszahlen anführen, kann darauf verzichtet werden, außer wenn die Tätigkeit des Wehr- oder Ersatzdienstes eine Qualifizierung darstellt (z.B. ein Sanitäter, der sich im Krankenhaus als Hilfspfleger bewirbt). Wie auch beim Anschreiben ist das Hobby »Gestaltung von Grußkarten und Briefbögen« entbehrlich, weil sich Herr Clement nicht für eine künstlerische Tätigkeit bewirbt. Das eingescannte Foto fällt etwas zu klein und unauffällig aus.

Im Vertrauen darauf, dass die meisten PC-Anwender ihre eingehenden E-Mails auf Viren prüfen, hat sich Herr Clement dazu entschieden, **Version 2** als Word-Datei anzuhängen, wobei er inhaltlich nicht viel verändert. So hat er die Möglichkeit, den Text ansprechend zu formatierten (zu beachten: Der Empfänger sieht an seinem Bildschirm u.U. die chaotisch verteilten Absatzmarken, wenn die Funktion im Softwareprogramm nicht ausgeschaltet ist; daraufhin prüfen!). Auf einem separaten Deckblatt bringt er seine persönlichen Angaben unter. Sowohl die obere und untere Linie als auch das ungewöhnliche Format des Fotos (gut: Es erweckt einen kommunikativen, durchsetzungsfähigen Eindruck, wie die Position es erfordert) ziehen die Blicke auf sich. Herr Clement betont seine Qualifikation und sein angestrebtes Aufgabengebiet. Der Lebenslauf (der nicht diesen Titel trägt, was völlig okay ist) enthält auf beiden Seiten die ähnlich wie auf dem Deckblatt formatierte Namenszeile. Herr Clement hat den Text weit eingerückt und alle Angaben übersichtlich arrangiert. Bei dieser Version folgen die zeitlichen Daten konsequent dem amerikanischen Lebenslauf, wodurch sie besser nachvollziehbar sind: vom neuesten zum ältesten. Wichtig für die angestrebte Stelle sind die Tätigkeiten in der Einkaufsabteilung, die der Bewerber im ersten Block herausstellt. Seinen Ersatzdienst bringt Herr Clement diesmal in der Kategorie »Sonstiges« unter, um die zeitliche Lücke zu erklären. Seine Aufzählung der Hobbys hat er auf das Wesentliche reduziert. Abgesehen vom Foto verzichtet er darauf, eingescannte Unterlagen anzufügen, sondern bietet an, sie bei Interesse gern zur Verfügung zu stellen.

Mit der anschließenden »Dritten Seite« wählt Herr Clement einen ungewöhnlichen Weg, der jedoch für die Stellung des Assistenten eines Geschäftsführers angemessen ist. Gerade als junger Mann, der bisher keine verantwortliche Position hatte, bietet es sich an, den Arbeitgeber durch kreative Aussagen von seinen Qualitäten zu überzeugen. Die Inhalte und Formulierungen mögen Geschmacksache sein, tragen aber zur Festigung des Bildes bei, das er durch Anschreiben und Lebenslauf von sich aufgebaut hat. Speziell der letzte Abschnitt drückt glaubwürdig seine Zielstrebigkeit aus. Ein Hingucker (siehe auch Seite 67)!

Rechtschreibfehler

Seite 35

Zeile 7: entgegen gebracht → entgegengebracht

Zeile 28: Nach »Mit freundlichen Grüßen« kommt kein Komma

Doran Demdic,
Badstr. 19, 13357 Berlin, Tel. 6773448

Müller-GmbH
Müllerstr. 30
13353 Berlin

Berlin, den 18.4.03

Sehr geehrte Damen und Herren,

Ihre Anzeige in der Berliner Zeitung vom 10.4. interesiert mich sehr. Sie suchen einen jungen erfahrenen Gas- und Wasserinstallateur. Ich bin 30 Jahre alt. Ich habe in 2 Sanitärfirmen gearbeitet bis die letzte Pleite machte. Seitdem suche ich Arbeit habe aber noch nichts gefunden. Daher helfe ich bei Reparaturen aus wenn bei mein Verwandten und Bekannten was kaputt geht. Sie nennen mich den Alleskönner weil ich fast alles wieder ganz mache. Ich bin schnell freundlich und auch bei den Kindern beliebt. Ich spreche serbokroatisch und deutsch. Es ist für mich kein Problem am Wochenende und abend zu arbeiten. Bitte rufen Sie mich an. Ich kann sofort anfangen.

Freundliche Grüße

Doran Demdic

(Doran Demdic)

→ Kommentar Seite 50

Lebenslauf

Vater: Ivo Demdic (Schlosser), Mutter: Anna Demdic (Hausfrau), 4 Geschwister (einer ist Hausmeister)

Geburt: 9.9.1972 in Belgrad, Jugoslawien

Schulen: Grundschule in Belgrad, Gustav-Heinemann-Realschule in Berlin (ohne Abschlus)

Ausbildung: Gas- und Wasserinstallateur bei Firma Ivanovic

Heirat mit Eva, bis jetzt Vater von 3 Kindern

Arbeit: 3 Jahre als Gas- und Wasserinstallateur bei Firma Ivanovic, 5 Jahre bei Firma Ruchus

Seitdem: arbeitslos und Reparaturarbeiten bei Familie und Freunden.

Weiterbildung am PC

Führerschein Klasse 3

Sprachkenntnisse: serbokroatisch und deutsch

Hobby: Kampfsport

Doran Demdic, Adrese: Badstr. 19, 13357 Berlin, Tel. 6773448

Zeugnise von Realschule, Ausbildung und 2 Stellen

 → Kommentar Seite 50

Doran Demdic
Badstr. 19
13357 Berlin
Tel. 677 34 48

August-Müller-GmbH
Müllerstr. 30

13353 Berlin

Berlin, 18.4.03

<u>Bewerbung als Gas- und Wasserinstallateur</u>
<u>Ihre Stellenausschreibung in der Berliner Morgenpost vom 10.4.2003</u>

Sehr geehrter Herr Müller,

vielen Dank, dass Sie sich gestern spontan Zeit für ein persönliches Gespräch genommen haben. Es hat mein Interesse an der Stelle noch verstärkt.
Wie besprochen schicke ich Ihnen meinen Lebenslauf, ein Foto und Zeugnisse.

Meine Berufspraxis als Gas- und Wasserinstallateur umfasst einschließlich meiner Ausbildung 12 Jahre bei zwei Firmen, von denen die letzte in Konkurs ging.
Seit zwei Jahren bin ich mit Reparaturaufgaben in der Nachbarschaftshilfe tätig - es gibt fast nichts, das ich nicht repariere. Meine „Kunden" sind mit dem Ergebnis und meinem Service sehr zufrieden! In meiner gesamten Berufspraxis hatte ich Umgang mit verschiedenen Kulturkreisen, vor allem mit Polen und Jugoslawen.

Selbstverständlich arbeite ich für den Notdienst auch am Abend und Wochenende.
Ich freue mich sehr darauf, ein weiteres Gespräch mit Ihnen zu führen.

Mit freundlichen Grüßen

Doran Demdic

Anlagen

Lebenslauf

Persönliche Angaben

Name: Doran Demdic
Adresse: Badstr. 19, 13357 Berlin, Tel. 6773448
Geburt: 9.9.1972 in Belgrad, Jugoslawien
Familienstand: verheiratet, 3 Kinder
Staatsangehörigkeit: deutsch

Schul- und Berufsausbildung

1978 - 1984	Grundschule in Belgrad
1984 - 1989	Erich-Kästner-Realschule, Berlin (Hauptschulabschluss)
1989 - 1992	Firma Ivanovic, Berlin; Ausbildung zum Gas- und Wasserinstallateur

Berufspraxis

10/1992 - 12/1995	Firma Ivanovic, Berlin Einsatzschwerpunkte: Montage von Heizkörpern
01/1996 - 12/2000	Firma Ruchus, Berlin Einsatzschwerpunkte: Beseitigung von Rohrverstopfungen, Abdichtung von Rohren, Armaturen etc.
Seit 01/2001	Sanitär-Reparaturen und andere handwerkliche Tätigkeiten im Rahmen der Nachbarschaftshilfe, vor allem im Familien- und Bekanntenkreis Unterstützung des als Hausmeister tätigen Bruders

Fortbildungen

11/1994	Handwerkskammer Berlin Schweißerlehrgang, Aufbaukurs
03/2001	Firma Allas, Berlin PC-Grund- und Aufbaukurs
09/2002	Gögas GmbH, Berlin PC-Tabellenkalkulation

Kenntnisse und Fähigkeiten

PC-Kenntnisse: MS Office mit Word und Excel

Sprachkenntnisse: fließend Serbokroatisch und Deutsch

Interkulturelle Erfahrungen im Umgang mit Menschen verschiedener Herkunft, vor allem aus Polen und vom Balkan

Führerschein Klasse 3

Handwerkliche Universalfähigkeiten, auch Maurer-, Maler- und Tischlerarbeiten

Interessen

Ich treibe aktiv Sport, Marathonlauf und lange Spaziergänge mit meinem Hund

Berlin, 18.4.03

Doran Demdic

→ *Kommentar Seite 50*

Zu den Bewerbungen von Doran Demdic

Die Stellenausschreibung in der *Berliner Morgenpost* lautete:

August-Müller-GmbH – Gas, Wasser, Sanitär

Im Rahmen der Hausmeisterfunktion für vier Wohnblocks in Berlin-Wedding suchen wir einen jungen, erfahrenen Gas- und Wasserinstallateur zur Ausführung aller Reparatur- und Installationsarbeiten.

Wir erwarten:

- Abgeschlossene Berufsausbildung
- Mehrjährige Berufserfahrung
- Freundliches Auftreten, Kundenorientierung
- Bereitschaft zum Notdienst an Abenden und Wochenenden
- Erwünscht sind interkulturelle Erfahrungen, russische, polnische oder serbokroatische Sprachkenntnisse sowie grundlegende PC-Kenntnisse

Bewerbungen an: August-Müller-GmbH, Müllerstr. 30, 13353 Berlin

Anschreiben

Version 1 ist leider völlig unformatiert und gequetscht. Sie beginnt mit der unschön verkürzten »Müller GmbH«, die korrekt aber »August-Müller-GmbH« heißen müsste. Neben der Datumszeile, die normalerweise am rechten Seitenrand erscheint, fehlt etwas Wichtiges: die Betreffzeile, die bezeichnet, worum es in dem Brief geht. Herr Demdic hat sich leider nicht die Mühe gemacht, den Ansprechpartner für seine Bewerbung herauszufinden, und führt als Quelle für die Ausschreibung die falsche Zeitung an. Auch enthält das Anschreiben einige grobe Rechtschreibfehler (er scheint etwas gegen Kommas und ein doppeltes »s« zu haben). Der Bewerber gibt ehrlich, aber ungeschickt an, wieso er nicht mehr in Lohn und Brot steht. Die Erklärung deutet sehr auf Schwarzarbeit hin, überzeugt aber von seinem Können und Engagement. Die Abschiedsformel und Unterschrift sind zu eng angeordnet, außerdem braucht der Name nicht maschinenschriftlich wiederholt zu werden. Es fehlt der Hinweis auf Anlagen.

Version 2 ist einfach, aber übersichtlich gestaltet. Briefkopf, Datum und Betreffzeile genügen den Anforderungen. Herr Demdic hat sich nicht nur nach dem Ansprechpartner erkundigt, sondern, wie wir im ersten Abschnitt lesen, sogar einen ersten spontanen Besuch gemacht, der sein Interesse verstärkt hat. Daher kann sein Anschreiben kurz ausfallen. Er beschreibt die Berufspraxis sowie seine erfolgreiche Nachbarschaftshilfe und erklärt seine Bereitschaft für flexible Arbeitszeiten.

Lebenslauf

Version 1 fehlen Absätze und Hervorhebungen der Überschriften, die das Lesen erleichtern. Herr Demdic hat seinen Lebenslauf streng chronologisch geordnet, sodass er seine Eltern vor seiner Geburt erwähnt und zwischen beruflichen Stationen seine Hochzeit einfügt. Dies ist konsequent, aber völlig unüblich. Außer bei seinem Geburtsdatum gibt er keine zeitlichen Daten an, die in der ersten Spalte eines Lebenslaufes stehen sollten, und verzichtet auf jegliche Ortsangaben. Die ehrliche Aussage, arbeitslos zu sein, schreckt erst mal ab, auch wenn sie dadurch abgemildert wird, dass er während dieser Zeit bei Freunden gearbeitet hat (die Annahme, dass es sich um Schwarzarbeit handelt, liegt sehr nahe). Der Bewerber weist auf PC-Kurse hin, die er jedoch nicht näher bezeichnet. Er erwähnt seine Sprachkenntnisse, geht aber nicht darauf ein, dass er interkulturelle

Erfahrungen besitzt. Die Erwähnung des Hobbys bringt keine Pluspunkte. Erst jetzt findet man seinen Namen mit der Adresse und unter dem hässlichen, völlig unpassenden Automatenfoto die Angabe von Zeugnissen, leider ohne die notwendige Unterschrift unter dem Lebenslauf.

Version 2 macht einen übersichtlichen, strukturierten Eindruck, beginnend mit den persönlichen Angaben. Das freundliche Foto weckt Interesse und Sympathie. Die folgenden Angaben beginnen mit den älteren Daten, also der Schule, da die neuesten (die Nachbarschaftshilfe) nicht so ins Auge fallen sollen wie eine Anstellung, obwohl auch sie wertvolle Erfahrungen mit sich bringen. In diesem verbesserten Lebenslauf sind alle notwendigen zeitlichen und örtlichen Angaben enthalten. Gut, dass Herr Demdic die Arbeitsschwerpunkte seiner letzten Stelle angibt und erwähnt, dass er seinen als Hausmeister tätigen Bruder unterstützt – das zeugt davon, dass er weiß, was auf ihn zukommen könnte. Bei den Fortbildungen vergisst er nicht den Schweißerkurs, auch wenn er schon länger zurückliegt, und bezeichnet die PC-Kurse näher. Obwohl schon dies überzeugend klingt, wird es noch durch die Kategorie »Kenntnisse und Fähigkeiten« verstärkt. Seine interkulturellen und serbokroatischen Sprachkenntnisse nimmt man ihm jetzt ohne Weiteres ab, ebenso das handwerkliche Allroundtalent. Auch das nun angegebene Hobby wirkt positiv und beeinflusst das Gesamtbild des Bewerbers in die gewünschte Richtung.

Rechtschreibfehler

So viele Rechtschreibfehler (in der ersten Version) sind vielleicht durch die Lebensumstände erklärbar, trotzdem aber kaum zu entschuldigen. Es ist eigentlich immer zu empfehlen, eine Bewerbung gegenlesen zu lassen, bevor man sie abschickt.

Seite 45

Zeile 8: interesiert → interessiert
Zeile 9: jungen erfahrenen → jungen, erfahrenen
Zeile 10: gearbeitet bis → gearbeitet, bis
Zeile 10/11: Arbeit habe→ Arbeit, habe
Zeile 11: Reparaturen aus wenn→ Reparaturen aus, wenn
Zeile 11/12: bei mein Verwandten → bei meinen Verwandten
Zeile 12: Alleskönner weil → Alleskönner, weil
Zeile 13: schnell freundlich → schnell, freundlich
Zeile 14: serbokroatisch und deutsch → Serbokroatisch und Deutsch
Zeile 14: Problem am → Problem, am
Zeile 15: Wochenende und abend → Wochenende und abends

Seite 46

Zeile 3: einer → eines
Zeile 6: Abschlus → Abschluss
Zeile 11: Kein Punkt am Ende des Satzes
Zeile 14: serbokroatisch und deutsch → Serbokroatisch und Deutsch
Zeile 15: Adrese → Adresse
Zeile 16: Zeugnise → Zeugnisse

Auf den Punkt gebracht

Mit einem guten Anschreiben und einem schönen, zweiseitigen Lebenslauf, einem ansprechendem Foto und einer sympathischen Freizeitbeschäftigung hat uns Doran Demdic überzeugend vorgeführt, was es bedeutet, erfolgreiche Werbung in eigener Sache zu machen.

Das ist ein wirklich gelungener »Werbeprospekt«. Diese Unterlagen machen neugierig auf den Bewerber, und das führt zu einer Einladung. Genau darauf kommt es an.

Mit der zweiten Version seiner Bewerbung hat unser Kandidat

- sein Können (generell und fachlich, Weiterbildung, Sprachkenntnisse),
- seine Leistungsbereitschaft (neben den sauberen Unterlagen z.B. auch in der Sportart) und
- seine Wesensart (helfen, Marathon, Spaziergänge mit dem Hund)

für den Leser ziemlich ansprechend rübergebracht. Das können Sie auch.

Schauen Sie sich jetzt an, wie es die nächste Bewerberin, Edeltraut Emmerich macht.

Edeltraut Emmerich
Untergasse 4
55765 Birkenfeld

Kurverwaltung, Personalabteilung
Am alten Bahnhof 12
36433 Bad Salzungen

Birkenfeld, d. 2.6.03

Betr.: Initiativbewerbung als medizinische Bademeisterin in Ihren Kureinrichtungen

Sehr geehrte Damen und Herren,

hiermit bewerbe ich mich um eine Stelle in Ihrer Kureinrichtung. Ich lebe zurzeit in Rheinland-Pfalz, möchte aber gern nach Thüringen umziehen.

Nach vielen Jahren als Altenpflegerin möchte ich etwas Neues beginnen: in einem Kurort. Dann hätte ich zwar auch viel mit alten Menschen zu tun, aber nicht ausschließlich. Ich habe eine Umschulung gemacht, weil ich eine gute pflegerische Grundausbildung besitze, aber meinen Schwerpunkt ändern wollte. Ich treibe selber gern Sport und möchte kranken Menschen gern die heilsame Wirkung von Wasser näher bringen. Auf Reisen nach Südostasien und in die Karibik habe ich öfters an Wassergymnastik-Kursen teilgenommen.

Nun etwas mehr zu meiner beruflichen Laufbahn: Ich komme aus der DDR, von wo ich 1983 ausreiste. Nach dem Abitur und einem Au-Pair-Aufenthalt in Italien machte ich die Altenpflege-Ausbildung in Marburg. Dort arbeitete ich noch 2 Jahre und nahm dann eine Stelle in Erfurt an, wo ich mich sehr wohl fühlte. Als ich durch neue Kollegen gemobbt wurde, zog ich nach Bad Kreuznach um, wo ich eine interessante Stelle gefunden hatte. Nach über 10 Jahren Altenpflege brauchte ich wegen psychischen Problemen eine Abwechslung: Nach einer längeren Reise machte ich eine Umschulung zur Masseurin und medizinischen Bademeisterin im Wohnort meiner Mutter, die nach einer Hüftgelenkoperation Hilfe bei der Rehabilitation brauchte, wobei ich familiäre Hilfe mit praktischer Anwendung des Gelernten verband.

Wenn Sie mir etwas Passendes zu bieten haben, schreiben Sie mir bitte. Ich habe Bad Salzungen in meiner Thüringen-Zeit kennen und lieben gelernt.

Mit freundlichen Grüßen,
Ihre Edeltraud Emmerich

Anlagen: Lebenslauf mit Foto, Zeugnisse

Lebenslauf

Persönliche Daten

Edeltraut Emmerich

Geboren am 1.6.67 in Merseburg

Unverheiratet, keine Kinder

Schulen

8/73 bis 7/83	Wilhelm-Piek-Schule, Merseburg
8/83 bis 6/86	Paulsen-Oberschule, Radolfzell (Abschluss: ohne Abitur)

Auslandsaufenthalte

9/86 bis 12/86	Reise nach Indien, Thailand, Indonesien
3/87 bis 2/88	Au-Pair-Mädchen in Mailand, Italien
12/00 bis 1/01	Reise nach Kuba, Dominikanische Republik und Jamaika

Berufsausbildung

8/88 bis 7/91	Altenpflegeschule Marburg Ausbildung als staatlich anerkannte Altenpflegerin

Berufserfahrung

08/91 bis 9/93	Augustinus-Wohnstift, Marburg Altenpflegerin
10/93 bis 4/98	Geriatrie-Krankenhaus Martin Luther, Erfurt Altenpflegerin
7/98 bis 10/00	Franz-von-Assisi-Hospiz, Bad Kreuznach Altenpflegerin

Umschulung

05/01 bis 04/03	Medizinische Fachschule Birkenfeld Ausbildung „Masseurin und medizinische Bademeisterin“

Hobbys

Schwimmen, Jazz-Gymnastik, Squash, Reisen

Fremdsprachenkenntnisse

Englisch (gut), Italienisch (gut), Französisch (Grundkenntnisse),
Spanisch (Grundkenntnisse)

Edeltraud Emmerich

Edeltraut Emmerich

Untergasse 4
55765 Birkenfeld
Tel.: 06782/88923
Email: ede@freenet.de

Kurverwaltung
Frau Gabi Heidenreich
Am alten Bahnhof 12

36433 Bad Salzungen

Birkenfeld, 2.6.2003

Initiativbewerbung
Masseurin und medizinische Bademeisterin

Sehr geehrte Frau Heidenreich,

der ansprechende Internetauftritt Ihres Kurzentrums hat mir eine lebendige Vorstellung von Ihrem Wirken verschafft. Es reizt mich sehr, als medizinische Bademeisterin bei Ihnen tätig zu werden. Meine Spezialität sind hydrotherapeutische Anwendungen, die bei Senioren besonders beliebt und sinnvoll sind.

Zu meinem beruflichen Hintergrund: Ich habe über zehn Jahre als ausgebildete Altenpflegerin in Pflegeheimen und Kliniken gearbeitet. Um meine beruflichen Möglichkeiten zu erweitern, erwarb ich meine zweite Qualifikation als Masseurin und medizinische Bademeisterin. Schon während der Ausbildung sammelte ich – neben meinem Praktikum in einer Klinik – erste praktische Erfahrungen im neuen Beruf: Ich unterstützte meine Mutter nach einer Hüftgelenksoperation bei der Rehabilitation.

Bad Salzungen ist mir als Urlaubsort meiner Kindheit und aus meinen Thüringer Jahren in angenehmer Erinnerung. Ich freue mich auf ein persönliches Gespräch mit Ihnen.

Mit freundlichen Grüßen

Edeltraud Emmerich

Anlagen

Edeltraut Emmerich

Untergasse 4
55765 Birkenfeld
Tel.: 06782/88923
Email: ede@freenet.de

Was ich Ihnen zu bieten habe …

- ✓ Ausbildung als Masseurin und medizinische Bademeisterin
- ✓ Erfahrung mit Rehabilitation in Klinik und im familiären Umfeld
- ✓ langjährige Berufserfahrung im Umgang mit alten und gebrechlichen Menschen
- ✓ engagierte Förderung der Gesundheit und Motivierung kranker sowie erholungsbedürftiger Menschen
- ✓ Spezialisierung sowie besonderes Interesse: Hydrotherapie
- ✓ Einfühlungs- und Kommunikationsvermögen
- ✓ Kooperationsbereitschaft und Organisationsfähigkeit
- ✓ Bereitschaft, kurzfristig und flexibel zur Verfügung zu stehen
- ✓ Weltoffenheit und Sprachkenntnisse

Lebenslauf

Edeltraut Emmerich

Geboren am 1.6.1967 in Merseburg

Unverheiratet, keine Kinder; ortsungebunden

Berufsausbildungen

05/2001 bis 04/2003	Medizinische Fachschule Birkenfeld Umschulung „Masseurin und medizinische Bademeisterin" (Praktikum: Orthopädie-Rehabilitations-Klinik Birkenfeld, Chefarzt Dr. Sommer)
08/1988 bis 07/1991	Altenpflegeschule Marburg Ausbildung „Staatlich anerkannte Altenpflegerin"

Berufspraxis als Altenpflegerin

1998 bis 2000	Franz-von-Assisi-Hospiz, Bad Kreuznach Schwerpunkte: Kooperation mit Angehörigen, Behörden und Geistlichen
1993 bis 1998	Geriatrie-Krankenhaus Martin Luther, Erfurt Schwerpunkte: Anleitung neuer Pflegehilfskräfte; Organisation des Umzuges in ein neues Gebäude
1991 bis 1993	Augustinus-Wohnstift, Marburg Schwerpunkte: Kooperation mit ambulanter Pflege

Schulausbildungen

1983 bis 1986	Gymnasium in Radolfzell
1973 bis 1983	Grund- und Oberschule in Merseburg

→ *Kommentar Seite 59*

Hobbys, Auslandsaufenthalt und Sprachkenntnisse

Schwimmen, Jazz-Gymnastik, Squash

Au-Pair-Aufenthalt in Italien (1987)

Englisch und Italienisch: gute Kenntnisse
Französisch und Spanisch: Grundkenntnisse

Ich stehe für Fachkompetenz, Flexibilität, Freundlichkeit, Einfühlungsvermögen und Geduld. Meine Berufspraxis und Lebenserfahrung haben mich gelehrt, dass man sich nicht entmutigen lassen darf – Ausdauer wird irgendwann belohnt!

Birkenfeld, 2.6.2003

Edeltraud Emmerich

Anlagen

- ✓ Prüfungszeugnis der Medizinischen Fachschule Birkenfeld
  Umschulung „Masseurin und medizinische Bademeisterin“
- ✓ Praktikumszeugnis der Orthopädie-Rehabilitations-Klinik Birkenfeld
  Praktikum im Rahmen der Umschulung
- ✓ Prüfungszeugnis der Altenpflegeschule Marburg
  Ausbildung „Staatlich anerkannte Altenpflegerin“
- ✓ Arbeitszeugnis des Franz-von-Assisi-Hospizes, Bad Kreuznach
- ✓ Arbeitszeugnis des Geriatrie-Krankenhauses
  Martin Luther, Erfurt
- ✓ Arbeitszeugnis des Augustinus-Wohnstifts, Marburg

 → *Kommentar Seite 59*

Zu den Bewerbungen von Edeltraud Emmerich

Frau Emmerich wartet nicht, bis eine für sie passende Stelle ausgeschrieben wird: Sie schreibt eine Initiativbewerbung. Auf diese Weise zeigt sie Engagement und muss nicht mit unzähligen anderen Bewerbern in Konkurrenz treten. Auf der anderen Seite besteht die Möglichkeit, dass keine Stelle frei ist. Deshalb erfordert die Initiativbewerbung eine besonders gute Begründung und Ausführung – so überlegt sich der eine oder andere Personalchef vielleicht doch, dass die Bewerberin ganz gut in sein Unternehmen passen könnte.

Anschreiben

Bei **Version 1** ist die erste Seite zu stark gefüllt und der Inhalt nicht genügend strukturiert. Frau Emmerich beginnt mit einem langweiligen Briefkopf und einer Datumszeile, die ein »d.« für das veraltete »den« enthält, ebenso wie das »Betr.« in einer Zeile, die in keiner Weise optisch hervorgehoben ist. Im ersten Absatz begründet sie ihre Wahl dieser Kureinrichtung nur mit dem Umzugswunsch. Im Anschluss erläutert sie recht deutlich, dass sie weniger mit alten Menschen zu tun haben möchte – diese Aussage kann auf Verständnis stoßen oder aber auch nicht. Hübsch formuliert klingt »die heilsame Wirkung des Wassers näher bringen«, während der Hinweis auf die eigene sportliche Betätigung oder die Reisen, bei denen sie Wassergymnastik kennen lernte, hier nicht passt. Bei der beruflichen Laufbahn braucht das Au-Pair-Jahr nicht erwähnt zu werden, weil es in keinem inhaltlichen Zusammenhang steht und zu lange her ist. Die folgende Aufzählung ihrer Altenpflege-Tätigkeiten ist übertrieben ausführlich und einige Details zu persönlich und obendrein auch noch unvorteilhaft, wie das Mobbing und die psychischen Probleme. Der Satz »Nach über 10 Jahren Altenpflege ...« fasst zu viele Einzelheiten zusammen. Der abschließende Satz vor der Grußformel deutet zwar an, dass Frau Emmerich weiß, worauf sie sich einlassen will, aber vielleicht ist die persönliche Beziehung zum Ort etwas zu sentimental? Das »Ihre« vor der Unterschrift sollte entfallen.

In **Version 2** reduziert Frau Emmerich den Text auf das Wesentliche und gliedert ihn deutlich besser. Sie hat ihre E-Mail-Adresse ergänzt, ihren Namen hervorgehoben und alles an den rechten Rand verschoben. Die Betreffzeile findet die Aufmerksamkeit des Lesers. Die Bewerberin weiß den Namen der Ansprechpartnerin – vermutlich aus dem Internet ermittelt – und lobt diese Informationsquelle geschickt im ersten Absatz. Sie weist auf ihre Spezialität hin, die Hydrotherapie. Anschließend fasst sie die wesentlichen Aspekte ihrer Qualifikation und Praxiserfahrung zusammen. Im abschließenden Satz bringt sie in angemessener Weise ihr Interesse am Kurort zum Ausdruck.

Lebenslauf

Version 1 erfüllt die Mindestanforderungen, was Abstände und Übersichtlichkeit angeht. Das langweilige Foto lässt nichts vom vielseitigen, kommunikativen Wesen der Bewerberin erahnen. Bei den persönlichen Daten fehlt die Anschrift. Die chronologische Aufzählung beginnt mit unwichtigen Schuldaten (hier sollte der nicht gemachte Abschluss nicht unbedingt herausgestellt werden) und endet mit der interessanten Zweitqualifikation: unbedingt umstellen, das Neue an den Anfang! Etwas verwirrend sind die Jahresangaben mit nur zwei Ziffern, da sie aus zwei Jahrtausenden stammen. Durch die Ergänzung der Monatsangaben sind Lücken sofort ersichtlich. Auslandsaufenthalte sind für diese Tätigkeit zu stark betont. Durch die Trennung von »Berufsausbildung« und »Umschulung« kommt die Doppelqualifikation von Frau Emmerich nicht ausreichend zum Ausdruck. Das Reisen als Hobby kann entfallen und die Fremdsprachenkenntnisse sind zu detailliert aufgeführt. Zudem hat Frau Emmerich die Orts- und Datumszeile vergessen.

In **Version 2** stellt Frau Emmerich dem Lebenslauf ein Deckblatt voran, das ein interessantes Foto von ihr mit einem ungewöhnlichen Ausschnitt enthält. Die Auflistung fasst zusammen, was sie der Kureinrichtung an Qualifikation, Praxis und sozialen Kompetenzen zu bieten hat – so beweist sie Selbstbewusstsein und Kreativität. Da wir auf dieser Seite schon ihre Adresse finden, ist es in Ordnung, dass sie auf den beiden Seiten des Lebenslaufes fehlt. Nun hat sie ihre Laufbahn nach dem amerikanischen System angeordnet, das Aktuelle – in diesem Fall Wichtige – zuerst. Sie schließt hier aber auch ihre Ausbildung zur Alterpflegerin ein, weil diese in die gleiche Kategorie gehört. Geschickt löst sie das Problem des fehlenden Schulabschlusses, indem sie das fehlende Abitur einfach nicht erwähnt – schließlich hat es für ihre berufliche Laufbahn auch keine Bedeutung. Bei allen Daten gibt sie die Jahreszahlen vollständig an, ergänzt jedoch die Monate nur in der ersten Kategorie (Berufsausbildungen), wodurch bei den folgenden Stationen die Lücken unerkannt bleiben. Bei ihrer Berufspraxis als Altenpflegerin führt sie Schwerpunkte auf, die ihre Ausrichtung erläutern. Hobbys und weitere Auslandsaufenthalte sowie Sprachkenntnisse sind jetzt zusammengefasst. Ort, Datum und Unterschrift sind so, wie sie sein sollten. Besonders überzeugend wirkt der hier neu eingefügte Text-Absatz »Ich stehe für ...«, mit dem Frau Emmerich nochmals betont, was sie auszeichnet, und ihr Lebensmotto darstellt. Im folgenden Anlagenverzeichnis finden sich übersichtlich alle wesentlichen Ausbildungs- und Arbeitszeugnisse.

Rechtschreibfehler

Wir haben keine Rechtschreibfehler gefunden ... Sie etwa?

Ihre Unterlagen haben nur eine Minute Zeit, um zu wirken!

Ein Arbeitsplatzanbieter nimmt sich bei der ersten Durchsicht nur sehr, sehr wenig Zeit für Ihre schriftlichen Unterlagen. Manche Personalchefs behaupten, in weniger als einer Minute herausfinden zu können, ob der/die Kandidat/in sie interessiert. Andere investieren zwei, drei, selten auch fünf Minuten. Also: Ihre Unterlagen haben wirklich verdammt wenig Zeit, um zu überzeugen, vor allem wenn man berücksichtigt, dass heutzutage auf eine Stellenanzeige (z. B. in Berlin, im Bereich Sekretariat) zwischen 150 und 500 Bewerbungen kommen. Diese Zahl sieht für Verkäufer oder Sacharbeiter nicht sehr viel anders aus.

Ihr wichtigstes Ziel: die Einladung zum Vorstellungsgespräch

Verdeutlichen Sie es sich noch einmal. Ziel, Sinn und Zweck Ihrer schriftlichen Bewerbungsunterlagen ist quasi einzig und allein die Einladung zum Vorstellungsgespräch. Nicht mehr, aber auch nicht weniger. Und das ist gut zu wissen, denn hieraus ergeben sich die nächsten logischen Fragestellungen.

Das sollen Ihre schriftlichen Bewerbungsunterlagen bewirken

Ihre Einladung zum Vorstellungsgespräch. Das wissen wir schon. Aber damit es zu einer Einladung – ausgesprochen von der Arbeitsplatz-Anbieterseite – kommt, müssen Ihre Unterlagen etwas bewirken: Sie müssen neugierig machen – auf Sie! Damit Neugierde auf der Leser und Auswählerseite entsteht, sollten Sie gewisse Spielregeln beachten, einige dramaturgische Tricks einsetzen.

Noch etwas ist wichtig dabei: Ihre Unterlagen müssen ein interessantes Angebot enthalten. Es muss Ihrer Bewerbung leicht und glaubwürdig zu entnehmen sein, dass Sie etwas besonderes für das Unternehmen machen können. Etwas, eigentlich logisch, was dieses gerade dringend benötigt. Die Verdeutlichung dieser elementaren Aspekte hilft Ihnen bei der Erstellung Ihres Werbe- und Verkaufsprospektes.

Tipps für das Erstellen der Bewerbungsunterlagen

Durch die bisherigen Bewerbungsbeispiele mit jeweils einer Vorher- und Nachher-Version haben Sie sicher schon ein Gefühl dafür entwickelt, was eine gute Bewerbung ausmacht, welche Mindeststandards sie erfüllen muss und wodurch sie sich von anderen positiv hervorhebt. In diesem Kapitel geben wir Ihnen kompakt die wichtigsten Informationen zu den notwendigen Bestandteilen einer Bewerbung: Anschreiben, Lebenslauf mit Foto und Anlagen. Danach finden Sie einige zusätzliche Tipps zur Form der Mappe, zum möglichen Deckblatt und der Dritten Seite, die ebenfalls zu Ihrem Bewerbungserfolg beitragen können.

Vorbereitung

Ihre Bewerbung stellt eine »Werbeaktion« in eigener Sache dar. Daher ist es zunächst wichtig, dass Sie sich über Ihre eigenen Fähigkeiten und Ihr Interesse an genau dieser Aufgabe sowie diesem Arbeitgeber klar werden. Wenn Sie einen roten Faden für Ihre Bewerbung entwickeln wollen, versuchen Sie, für sich folgende Fragen zu beantworten:

- Was für ein Mensch bin ich? Welche besonderen Eigenschaften habe ich?
- Was kann ich besonders gut, womit hatte ich bisher Erfolg?
- Was will ich? Welche Art von Tätigkeit und Zusammenarbeit liegen mir?
- Was ist für mich möglich? Was traue ich mir zu, was erscheint glaubwürdig?

Die Ausarbeitung der Antworten gehört zur gründlichen Vorbereitung einer Bewerbung. So finden Sie das heraus, was auch der Personalentscheider wissen möchte. Dabei geht es keinesfalls nur um berufliche Kenntnisse und Fähigkeiten, sondern ebenso um persönliche Eigenschaften, z.B. Sympathie, Kontaktfreude, Zuverlässigkeit, Einfühlungsvermögen, Ideenreichtum und vieles mehr. Einige dieser Eigenschaften können Sie bei einem persönlichen Gespräch zum Ausdruck bringen, andere können Sie schon durch die Aufbereitung Ihrer schriftlichen Unterlagen beweisen. Erhöhen Sie so Ihre Chancen, im Bewerbungsverfahren in die nächste Runde zu kommen!

Zur Vorbereitung gehört auch, mehr als nur die Stellenanzeige zu lesen. Informieren Sie sich aus verschiedenen Quellen über das Unternehmen, z.B. im Internet, durch das Studium von Firmenbroschüren oder – falls möglich – durch direkte Informationen von Kunden und Mitarbeitern. Dazu gehört auch, per Telefon den Namen der Person in Erfahrung zu bringen, an die die Bewerbung gerichtet werden soll. Es könnte auch interessant für Sie sein, mehr über das Aufgabengebiet zu erfahren, z.B. ob die Stelle neu eingerichtet ist oder wieder besetzt werden soll, wie die Einordnung der Position in der Firmenhierarchie ist, ob mehr allein oder im Team gearbeitet werden soll, wie die zukünftige Entwicklung der Stelle aussieht ...

Gewünschter Nebeneffekt eines Telefonats könnte sein, dass Sie sich von der Vielzahl anderer Bewerber abheben, selbst wenn Sie nicht den zukünftigen Chef an das Telefon bekommen, sondern nur die Sekretärin, die die grobe Vorauswahl der Bewerbungen vornimmt. Im Bewerbungsanschreiben können Sie sich auf das Telefonat beziehen, notieren Sie sich den Namen des Gesprächspartners! Selbstverständlich ist es ratsam, sich auf dieses Gespräch gut vorzubereiten, also einige Vorinformationen einzuholen und sich die Fragen, die Sie stellen wollen, vorab aufzuschreiben. Stellen Sie sich vorsichtshalber darauf ein, dass Sie wirklich zum Personalentscheider durchgestellt werden, dies kann ein erstes Vorstellungsgespräch werden!

Anschreiben

Obwohl es an erster Stelle in den Bewerbungsunterlagen zu finden ist, wird das Anschreiben selten zuerst gelesen. Auch für Sie ist es empfehlenswert, zunächst den Lebenslauf und andere Unterlagen zu entwerfen. Danach haben Sie vielleicht ein besseres Gefühl dafür, was das Anschreiben enthalten sollte.

Das Anschreiben darf eigentlich nicht länger sein als eine DIN-A4-Seite. Weniger ist hier mehr. Es sollte gut gegliedert sein. Verwenden Sie klare, kurze Sätze und eine sachliche, freundliche, aber auch selbstbewusste Ausdrucksweise.

Oben auf der Seite steht Ihr Absender, der als Block links, rechts oder als Kopfzeile angeordnet sein kann. Darunter folgt der Name der Firma, Ihr Ansprechpartner mit Anschrift sowie rechts eine Zeile mit Ort und Datum. Die frühere Betreffzeile kommt heute ohne das »Betr.« aus, sondern enthält meist nur den Hinweis auf die Stellenanzeige oder auf ein bereits geführtes (telefonisches) Gespräch.

Die Anrede lautet »Sehr geehrte Frau ...« oder »Sehr geehrter Herr ...«. Im ersten Absatz erwartet der Leser, dass Sie etwas über Ihre Motivation mitteilen: Warum spricht Sie gerade diese Stelle an? Was für ein Interesse haben Sie am Aufgabengebiet, Arbeitsort, Arbeitgeber? Als erster Satz bietet sich der Dank für ein bereits geführtes Telefonat an. Vermeiden Sie die langweilige Formulierung »hiermit bewerbe ich mich um ...«.

Anschließend gehen Sie auf die in der Stellenanzeige enthaltenen Anforderungen ein, ohne sie nur aufzuzählen. Warum sind gerade Sie die/der Richtige für diese Stelle? Überlegen Sie, bei welchen Gelegenheiten Sie bisher z.B. Tatkraft, Kreativität, Belastbarkeit oder Teamfähigkeit bewiesen haben – diese Eigenschaften stellen wichtige Argumente für Sie dar. Wenn Sie Standardformulierungen benutzen, sinken Ihre Chancen: Die bloße Behauptung, die geeignete Person für diese Stelle zu sein, kann jeder abgeben und schreckt Personaler meist ab. Versuchen Sie darzustellen, welchen besonderen Nutzen der Arbeitgeber von Ihrer Mitarbeit hätte.

Eine wichtige Bedeutung hat der letzte Absatz: Drücken Sie Ihr Interesse an einem persönlichen Gespräch aus, ohne die Möglichkeitsform zu verwenden! Angaben zum Wunschgehalt machen Sie schriftlich nur, wenn ausdrücklich gefordert (am besten: Bruttojahresgehalt, ggf. auch das Monatsgehalt. Benennen Sie eine Spanne, etwa »36.000–40.000 EUR« oder »um 2750 EUR monatlich«). Die Abschiedsformel lautet schon lange nicht mehr »Hochachtungsvoll«, sondern »Mit freundlichen

Der Aufbau Ihrer Bewerbungsmappe

Wie Sie Ihre Bewerbungsmappe aufbauen, ist auch eine Frage des persönlichen Stils. Die besten Möglichkeiten stellen wir Ihnen hier vor. Entscheiden Sie selbst, welche Präsentationsform Sie am besten finden. Sollen die Bewerbungsunterlagen ein Deckblatt haben? Möchten Sie dort schon Ihr Foto zeigen? Wie wird Ihre erste Seite gestaltet sein? Wie viele Seiten brauchen Sie für Ihren Lebenslauf? Wollen Sie eine Dritte Seite (siehe Seite 67) entwickeln? Lohnt es sich, ein Anlagenverzeichnis beizuheften? Es hilft, wenn Sie sich Ihr Vorhaben durch eine kleine Zeichnung vor Augen führen. Unsere Beispiele zeigen, welche Möglichkeiten Sie haben.

Kommentar

So kennen Sie es: das Anschreiben auf einer Seite, gefolgt von ein oder zwei Seiten Lebenslauf. Danach im Anschluss: die Anlagen (Zeugnisse etc., die wir in unserem Buch aus Platzgründen immer weggelassen haben). Aber auch jede andere Abfolge ist leicht vorstellbar, und diese Form der Skizzierung hilft, sich darüber klar zu werden, was besser für Ihre Selbstdarstellung sein könnte.

Grüßen«, eventuell mit dem Zusatz »aus (Hamburg o. Ä.)«. Die Unterschrift, Vor- und Nachnahme leserlich und möglichst mit blauer Tinte (Füller oder hochwertiger Stift, besser kein Kugelschreiber) geschrieben, sollte darunter keinesfalls noch einmal getippt werden – Ihr Name ist ja schon im Absender enthalten. Ein »P. S.« kann eine bevorstehende Abwesenheit (Urlaub o. Ä.) ankündigen oder auf einen zusätzlichen Gesichtspunkt hinweisen. Es fällt garantiert ins Auge. Die beigelegten Zeugnisse und Zertifikate werden nicht einzeln aufgeführt, sondern nur durch das Wort »Anlagen« zum Ausdruck gebracht.

Selbstverständlich, aber leider nicht immer die Regel sind korrekte Rechtschreibung und Grammatik. Wenn Sie unsicher sind, lassen Sie Ihre Bewerbungsunterlagen von jemandem lesen, der sich auskennt. Fehlerhafte Bewerbungsschreiben werden meist sofort aussortiert, selbst wenn diese Fähigkeit in der späteren Position kaum eine Rolle spielt. Dabei kommt es weniger darauf an, ob Sie sich nach der neuen oder alten Rechtschreibung richten, sondern darauf, dass Sie die Regeln konsequent anwenden. Sehr empfehlenswert ist es, sich der Schreibweise der Firma (wie in der Stellenanzeige oder auf den Internetseiten) anzupassen. Im Zweifel verwenden Sie die neue Rechtschreibung.

Lebenslauf

Für den Personalentscheider ist weniger Ihr Leben als Ihr »beruflicher Werdegang« interessant. Stellen Sie Ihren Berufsweg so dar, dass er möglichst gut zum Unternehmen und den geforderten Qualifikationen passt. Welche Kenntnisse und Erfahrungen unterscheiden Sie von anderen Bewerbern, z. B. Führerschein, PC- oder Internetkenntnisse, ein Ehrenamt, Auslandsaufenthalt, Sprachen, ein interessantes Hobby oder eine Weiterbildung? Dabei sollten Sie Ihre Angaben für jede Stelle möglichst gut anpassen, ohne dass Sie Unwahrheiten schreiben. Dies ist die eigentliche Leistung, die Sie Zeit und Mühe kostet.

Der Lebenslauf umfasst ein bis maximal drei Seiten. Er wird in tabellarischer Form mit dem PC oder der Schreibmaschine geschrieben, nur auf ausdrückliche Aufforderung hin handschriftlich. Und selbst wenn dies gewünscht wird, ist es besser, alle Daten maschinenschriftlich zu Papier zu bringen und dann die ggf. Dritte Seite handschriftlich beizulegen.

Nun zu den Inhalten eines Lebenslaufes, die aber – bis auf die persönlichen Daten – nicht in dieser Reihenfolge stehen müssen:

Kommentar
Eine neue Variante: Nach dem Anschreiben folgt ein Deckblatt, dann der ein- oder zweiseitige Lebenslauf und eine Anlagenübersicht. Dahinter die üblichen Zeugniskopien.

Es fällt Ihnen leichter, sich für oder gegen die eine oder andere Seitenabfolge zu entscheiden, wenn Sie konkrete Gestaltungsmöglichkeiten sehen und vergleichen können. Betrachten Sie auch den Vorschlag auf der folgenden Seite als Anregung.

Persönliche Daten

- Vor- und Zuname
- Anschrift mit Telefon und eventuell E-Mail-Adresse (sofern nicht schon auf dem Deckblatt erfasst)
- Geburtsdatum und -ort (nur bei Ausländern: Staatsangehörigkeit)
- Familienstand (Angabe »verheiratet« oder »unverheiratet« reicht aus)

Weitere freiwillige Angaben

- Zahl und Alter der Kinder (Angabe eher nur bei älteren Kindern empfehlenswert)
- Religion (nur bei kirchlich gebundenen Arbeitgebern)
- Name und Beruf des Ehepartners (bei gleichem Berufsfeld wie Stellenausschreibung)
- Name und Beruf der Eltern (nur bei sehr jungen Bewerber/innen)

Foto

- Ein professionelles Foto (auf der Rückseite mit Namen versehen) kleben Sie rechts (oder auch links) oben auf die erste Seite des Lebenslaufes oder noch besser auf das Deckblatt.

Schulausbildung

- Schultypen und Ort
- Schulabschluss (bei jüngeren Bewerbern eventuell mit Abschlussnote)

Berufsausbildung

- Ausbildungsberuf
- Abschluss/Berufsbezeichnung
- Ausbildungsstätte und -ort

Studium (falls zutreffend)

- Studienrichtung
- Hochschule und Abschlüsse (eventuell mit Abschlussnote)
- Schwerpunkte (nur bei wenig Berufspraxis)

Berufspraxis

- Arbeitgeber und Ort
- Position und Aufgabenbereich, eventuell mit Kurzbeschreibung
- länger als 10 Jahre zurückliegende Tätigkeiten: grob benennen, zusammenfassen oder weglassen, außer wenn von wesentlicher Bedeutung

Praktika

- Angaben wie oben, sofern nicht schon bei Berufspraxis aufgeführt

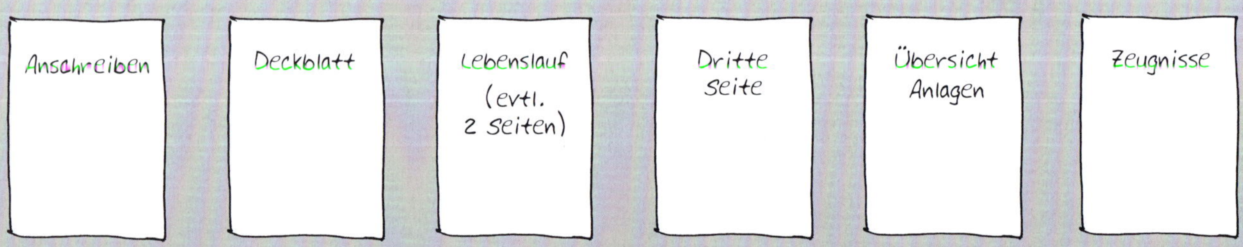

Kommentar
Hier haben wir nach dem Anschreiben das Deckblatt, ein bis zwei Lebenslaufseiten, die Dritte Seite, eine Anlagenübersicht und die üblichen Zeugnisse.

Wie umfangreich Ihre Bewerbungsunterlagen werden, bestimmen Sie. Ob relativ dünn mit nur 2 bis 3 Seiten (plus Anlagen) oder ausführlich mit 6 bis 7 Seiten (vom Anschreiben über das Deckblatt und die ausführliche Selbstdarstellung bis hin zum Anlagenverzeichnis mit weiteren 10 Dokumenten). So ziemlich alles ist erlaubt, wenn es denn Sinn macht.

Dies zu entscheiden ist zunächst Ihre Aufgabe. Schauen Sie, was Sie anzubieten haben, und machen Sie sich selbst Skizzen. Oder betrachten Sie die in diesem Buch gezeigten Beispielbewerbungen noch einmal, und achten Sie dabei speziell auf den Aufbau. Die Entscheidung fällt so leichter.

Weiterbildung

- Berufliche Kurse, Seminare, Workshops (sofern für Aufgabengebiet von Bedeutung, auf alle Fälle längere Zusatzausbildungen), jeweils mit Veranstalter und Titel/Inhalten
- Außerberufliche Kurse (sofern für Aufgabengebiet von Bedeutung, z. B. Sprachkurse, Arbeitstechniken)

Besondere Kenntnisse

- Fremdsprachen (eventuell mit Angabe, ob fließend, Grundkenntnisse ...)
- EDV/PC-Kenntnisse (Bereiche, z. B. Textverarbeitung; eventuell Programme)
- Führerschein mit Klasse

Sonderinformationen

- Auslandsaufenthalte (ab mehreren Monaten)
- bei Männern: Wehr- oder Ersatzdienst (um Lücken im Lebenslauf zu schließen)
- bei Frauen: Familienphase/Kindererziehung (um Lücken im Lebenslauf zu schließen)
- Eventuell zusätzliche Erklärung, was Sie gerade an diesem Arbeitplatz reizt!

Hobbys/Interessen, ehrenamtliches Engagement

- können entscheidend sein, um ein Bild Ihrer Persönlichkeit zu entwerfen
- sollten halbwegs zur Bewerbung um diesen Arbeitsplatz passen

Ort, Datum, Unterschrift

- Ort und Datum (ohne »den«) mit PC oder handgeschrieben
- Unterschrift (mit Vor- und Zunamen): leserlich, möglichst mit blauer Tinte

Der Aufbau des Lebenslaufes erfolgt entweder chronologisch (nach der zeitlichen Abfolge) oder er fasst mehrere Hauptpunkte strukturiert zusammen, z. B. Schulbildung, Berufspraxis, Fortbildungen und so weiter. Bei beiden Versionen haben Sie die Möglichkeit, mit der Schulbildung zu beginnen und bis zur derzeitigen Tätigkeit fortzufahren (»deutscher Lebenslauf«), oder mit dem Neuesten anzufangen und ältere Daten nach hinten zu verschieben (»amerikanischer Lebenslauf«).

Der amerikanische Lebenslauf wird immer beliebter, auch wenn er in der Praxis noch seltener vorkommt als der deutsche. Die chronologische, deutsche Version eignet sich besonders für Bewerber, deren Berufsweg stetig und ohne Lücken verlaufen ist, die immer im gleichen Beruf gearbeitet haben, und bei Kandidaten, die sich bei konservativen Unternehmen bewerben. Für die stetig wachsende Anzahl von Menschen, die ihren Beruf oder ihr Aufgabenfeld wechseln, die durch Kinderbetreuung und Arbeitslosigkeit Lücken im Berufsleben haben, sowie generell für ältere, erfahrene Bewerber empfiehlt sich eher der amerikanische Lebenslauf. Dabei fällt der Blick gleich auf die neuesten, aktuellen Tätigkeiten, während Aus- und Schulbildung in den Hintergrund rücken.

Die zeitlichen Angaben müssen zumindest Jahreszahlen umfassen. Zusätzliche Monatsangaben sollten Sie lediglich bei einem Lebenslauf machen, der nur wenige berufliche Stationen enthält. Aktuellere Angaben sollten genauer ausgeführt werden als ältere, die fünf, zehn oder mehr Jahre zurückliegen.

Tipps für Mütter

Wenn die Erziehungszeiten Ihrer Kinder eine deutliche Lücke im Lebenslauf erzeugen, beschreiben Sie diese Zeit selbstbewusst als Familienphase. Sie haben dabei wichtige Fähigkeiten erworben, die auch im Berufsleben eine Rolle spielen, z. B. Zeitmanagement, Organisationsgeschick, Motivationsvermögen und Belastbarkeit.

Tipps für »ältere« Bewerber

Wenn Sie über 45 Jahre alt sind, geben Sie bei Schule, Ausbildung oder Studium nur den Abschluss an. Falls Sie Sport treiben, erwähnen Sie dies bei Hobbys/Interessen: Damit beweisen Sie Durchhaltevermögen und Fitness!

Tipps für Bewerber mit Lücken im Lebenslauf

Falls Sie mehr als ein paar Monate arbeitslos oder krank waren, sehr lange Vergnügungsreisen unternommen oder einfach eine private Auszeit genommen haben, kaschieren Sie diese durch die Angabe von Jahreszahlen statt Monaten. Wenn dies nicht ausreicht, führen Sie Weiterbildungen auf (auch im Selbststudium!) oder sinnvolle Beschäftigungen wie ehrenamtliche Tätigkeit, Nachbarschaftshilfe oder Pflege eines Angehörigen. Längere Reisen können selbstbewusst als Auslandsaufenthalt dargestellt werden, von dem Sie in Form von Persönlichkeitsentwicklung oder Sprachkenntnissen profitiert haben. Falls Sie etwas Unangenehmes verschweigen wollen, wie etwa den Aufenthalt in einer Strafanstalt oder einen längeren krankheitsbedingten Sanatoriumsaufenthalt

(z. B. Alkohol- oder Krebserkrankung), geben Sie z. B. einen nicht nachweisbaren privaten Auslandsaufenthalt o. Ä. an – Sie sind nicht gezwungen, die absolute Wahrheit mitzuteilen, haben sogar ein Recht auf Notlüge!

Tipps für Bewerber mit vielen Jobwechseln

Wenn Sie als Berufsanfänger öfters wechseln, wird das anders bewertet, als wenn Sie dies als erfahrener Arbeitnehmer tun: Bei den Jungen gehört es zur beruflichen Entwicklung dazu. Günstig erscheint ein Wechsel nach zwei bis fünf Jahren. Wenn es bei Ihnen deutlich häufiger der Fall war, fassen Sie mehrere Stellen, die ein ähnliches Profil haben und zeitlich eng beieinander liegen, zusammen und geben ihnen einen Sammelbegriff. Leider nehmen befristete Arbeitsverhältnisse immer mehr zu und führen zu unfreiwilligen Wechseln, ebenso wie betriebsbedingte Kündigungen. Daher weisen Sie in Ihrem Lebenslauf, im Anschreiben oder auf der Dritten Seite darauf hin, dass Sie Flexibilität bewiesen haben, indem Sie befristete Jobs annahmen oder dass Ihr Arbeitgeber Stellen abbauen musste. Dieser Grund wird anders eingeschätzt als bewusste Wechsel oder eine verhaltensbedingte Kündigung durch den Arbeitgeber.

Foto

Ihr Foto sagt anderen viel mehr über Sie aus, als Sie sich vielleicht vorstellen können! Viele Personalentscheider behaupten, darin Kontaktfähigkeit, Entschlusskraft, Anpassungsbereitschaft und andere Eigenschaften erkennen zu können.

Wählen Sie einen guten Fotografen aus, der sich etwas Zeit für Sie nimmt: Er kann Sie auch zum Stil Ihrer Kleidung, Frisur, Make-up usw. beraten, die zu der angestrebten Position passen sollte. Lassen Sie am besten ein Portraitfoto machen, denn es zeigt mehr von Ihrer Persönlichkeit als Pass- oder Bewerbungsfotos. Aus den Kontaktabzügen können Sie später in aller Ruhe das geeignete aussuchen, wobei Sie auch den Fotografen und Freunde in die Entscheidung mit einbeziehen sollten. Das Wichtigste: Lächeln Sie bei den Aufnahmen (denken Sie an etwas Angenehmes), machen Sie einen entspannten, freundlichen, selbstbewussten Eindruck.

Farb- oder Schwarz-Weiß-Fotos sind möglich – letztere wirken jedoch seriöser und können keinem Farbgeschmack missfallen. Als Fotoformat wählen Sie mindestens 6 x 4,5 cm, 6 x 6 cm oder sogar ein Querformat, wenn Sie ein wenig »aus dem Rahmen fallen« wollen. Besonders extravagant wirkt ein leicht angeschnittenes Foto, das nicht den gesamten Haarschopf zeigt, dafür aber das Gesicht besonders gut zur Geltung bringt. Oder versuchen Sie mal ein Oberkörperportrait, mit dem Sie Dynamik ausstrahlen (vgl. Seite 89)! Inzwischen ist es auch akzeptiert, sehr gute Fotokopien (Digital-Kopie) oder hervorragende Ausdrucke (Laserdrucker) von Fotos zu verwenden. Falls Sie bereits ein passendes Foto haben, sollte dies möglichst nicht älter als ein Jahr sein.

Üblicherweise wird das Foto rechts (evtl. auch links) oben auf die erste Seite des Lebenslaufes geklebt. Auf die Fotorückseite schreiben Sie mit Bleistift Ihren Namen, für den Fall, dass sich die Verklebung löst. Wenn der Lebenslauf schon relativ viele Daten enthält, empfiehlt es sich eher, das Foto auf einem gesonderten Deckblatt anzubringen, wo es eine größere Wirkung erzielt (Seite 65).

Anlagen

Als Beleg Ihrer Berufserfahrungen sowie beruflicher Aus- und Fortbildungen legen Sie qualitativ hochwertige, einseitige Kopien Ihrer Arbeitszeugnisse und Zertifikate etwa der letzten 10 Jahre bei. Ihr neuestes Zeugnis sollte auf alle Fälle dabei sein, auch wenn es nicht so positiv ausgefallen sein mag, wie Ihnen lieb wäre, sowie Zertifikate für längere Fortbildungen. Bei einer großen Zahl infrage kommender Unterlagen können Sie eine Auswahl treffen, die zur angestrebten Stelle passt. Schul- und Ausbildungszeugnisse interessieren nur bei Bewerbern, die noch über wenig oder keine Praxis verfügen.

Es ist nicht mehr üblich, die Anlagen in Plastikhüllen zu stecken, auch wenn dadurch die Chance auf Wiederverwendung für andere Bewerbungen sinkt. Ordnen Sie Ihre Anlagen genauso wie im Lebenslauf, also vom Neueren zum Älteren oder umgekehrt. Günstiger ist es jedoch, auch hier nach Arbeits-, Prüfungszeugnissen und Zertifikaten zu unterscheiden, jeweils chronologisch sortiert. Bei mehr als sechs Anlagen macht es sich gut, ein *Anlagenverzeichnis* zu erstellen, das die Übersicht verbessert.

Bewerbungsmappe

Während Anschreiben, Lebenslauf mit Foto und Anlagen zu den notwendigen Bestandteilen einer Bewerbung gehören, ist es nicht unbedingt erforderlich, diese auf eine bestimmte Art und Weise zusammenzuheften – es hinterlässt jedoch einen besseren Eindruck. Ob Sie eine Mappe verwenden, hängt von der Stelle und der Anzahl Ihrer Unterlagen ab. Bei der Bewerbung als Sekretärin oder Verkäuferin hat das ordentliche Abheften der Unterlagen in einer Mappe sicher eine größere Bedeutung als bei einer handwerklichen Stelle. Wenigstens sollten Lebenslauf und Anlagen so verbunden werden, dass Sie nicht auseinander fallen. Das Anschreiben wird immer einzeln obenauf gelegt und nicht in die Mappe geheftet.

Falls Sie eine Mappe kaufen, verzichten Sie lieber auf mehrfach geklappte Mappen mit dem Aufdruck »Bewerbung«, die etwas übertrieben wirken können und mittlerweile weit verbreitet und eher langweilig sind. Leider machen Schnellhefter und Plastikmappen mit durchsichtigem Deckblatt oft einen billigen Eindruck. Empfehlenswerter sind dezente Pappmappen mit Klemmvorrichtung oder individuell erstellte Mappen mit Deckblatt (Folie oder eine von Ihnen gestaltete Pappe) sowie einer stabilen Papp-Rückseite, alles zusammengehalten von einer Klemmschiene. Achten Sie auch auf die Farbwahl, die zur angestrebten Stelle und Ihrer Persönlichkeit passen sollte, und seien Sie zurückhaltend mit grellen Farben.

Deckblatt

Wenn Ihre Bewerbungsunterlagen etwas umfangreicher sind oder Sie einen besonderen Eindruck hinterlassen wollen, gestalten Sie ein Deckblatt, das Sie Ihrem Lebenslauf voranstellen. Es wirkt als Einleitung, noch besser als Einladung zum Weiterblättern und verschafft Ihrem Bewerbungsanliegen größere Wichtigkeit. Außerdem entzerren Sie damit den Text und bieten Ihrem Foto einen Ehrenplatz.

Auf dem Deckblatt ansprechend verteilt steht z. B.:

- Bewerbungsunterlagen für Firma ... (eventuell mit Namen des Ansprechpartners)
- für die Position als ...
- von ... (Ihr Name, eventuell mit Berufsbezeichnung).

Wenn Sie Ihr Foto, das in diesem Fall ruhig ein etwas größeres Format haben sollte, auf diese Seite kleben, können Sie auch Ihren Namen mit Adresse und Telefonnummer darunter schreiben. Möglicherweise fügen Sie Ort und Datum hinzu sowie eine Übersicht der Anlagen.

Dritte Seite

Diese Bezeichnung stammt aus der Pressewelt, in der große, überregionale Tageszeitungen auf der dritten Seite Hintergrundinformationen zu einzelnen Themen liefern. Bei einer Bewerbung können Sie hier zusätzliche, für die Firma interessante Infos über sich darstellen. Sie sollten jedoch keinen allzu langen Aufsatz schreiben, etwa sieben bis fünfzehn Zeilen sind genug. Wenn Sie eine kreative Ader haben und sich von der Bewerbermasse abheben wollen oder von mangelnder Berufspraxis oder abgebrochener Ausbildung ablenken wollen, formulieren Sie auf der Dritten Seite Antworten auf diese Fragen:

- *Persönliches:* Was sind meine besonderen Eigenschaften, Stärken und Begabungen? Was wird an mir besonders geschätzt oder bewundert?
- *Fachliches:* Was sind meine Schwerpunkte, die mich von anderen unterscheiden? Durch welche Ausbildungen habe ich diese erworben und in welcher Berufspraxis angewendet?
- *Motivation:* Warum bewerbe ich mich ausgerechnet auf diese Stelle? Was reizt mich am Aufgabenbereich oder an der Firma?

Selbstverständlich müssen Ihre Ausführungen zur angestrebten Stelle passen. Belegen Sie jene mit Beispielen wie »Ich gehe offen auf Menschen zu, sodass ich als Ausbilderin schnell Kontakt zu neuen Auszubildenden finde« oder »Wenn unerwartet Probleme auftauchen, probiere ich mehrere Lösungswege, bis ich am Ziel bin«. Verzichten Sie auf Sprüche, die jeder »kloppen« kann, wie »Probleme sind dazu da, dass man sie löst!«

Entwerfen Sie mehrere Versionen der Dritten Seite und zeigen Sie sie Menschen, denen Sie ein gesundes Urteilsvermögen zutrauen: Welcher Entwurf beschreibt Ihr Wesen am treffendsten? Welcher stellt Sie besonders positiv dar? Welcher bleibt am eindrucksvollsten im Gedächtnis?

Wenn Sie sich für den Inhalt entschieden haben, wählen Sie eine Überschrift, z. B. »Mehr über mich« oder »Mein besonderes Interesse an der Position«. Wenn Sie möchten, können Sie die Dritte Seite mit Angabe des Ortes und Datums versehen und unterschreiben. Innerhalb der Mappe legen Sie die Dritte Seite zwischen Lebenslauf und Anlagen bzw. Anlagenverzeichnis.

Die nächsten Bewerbungsbeispiele

Nun geht es weiter mit den Bewerbungsbeispielen: Die folgenden fünf Kandidaten sind etwas älter und mussten mit zum Teil erheblichen Problemen in Ihrem Leben fertig werden. Wie können sie diese überspielen oder geschickt umschreiben, wie sollten sie ihre Stärken ins rechte Licht rücken? Lesen Sie unsere Vorschläge!

Florian Franke - Verkehrsfachwirt - Speditionskaufmann

Florian Franke Friesengasse 5 27669 Kurstadt

Nahrungsmittel-Logistik Nord
Personalleiter/in
PF 4712

27580 Bremerhaven

Datum und Erscheinen Ihrer Anzeige	Telefon	Mobil	Datum
Bremer Abendblatt, 07.01.03	0471/5789901	0177/332289	11.01.03

Bewerbung als Assistent der Speditionsleitung

Sehr geehrte Damen und Herren,

hiermit bewerbe ich mich um die Position als Assistent der Speditionsleitung, die Sie mit einem Speditionskaufmann oder Verkehrsfachwirt besetzen wollen.

Ich bin 38 Jahre alt und gelernter Speditionskaufmann mit langjähriger Erfahrung aus zwei Speditionen in leitender Stellung und mit Personalverantwortung.
In den Jahren 2000 und 2001 habe ich die Fortbildung zum Geprüften Verkehrsfachwirt (Fachrichtung Güterverkehr) mit Erfolg absolviert. Leider wurde ich durch familiäre Probleme krank und verbrachte einige Monate in einer Kuranstalt, wo ich in stabilem Zustand entlassen wurde. Seitdem bin ich auf Arbeitssuche und sehr bemüht, eine passende Position zu finden.

Ich stehe jederzeit zur Verfügung. Meine Gehaltsvorstellungen bewegen sich zwischen 30.000 und 32.000 € brutto/Jahr.

Ich wäre Ihnen sehr verbunden, wenn Sie meine Bewerbungsunterlagen prüfen und mich bei Interesse zu einem Vorstellungsgespräch einladen würden.

Hochachtungsvoll

F. Franke

 → *Kommentar Seite 78*

Lebenslauf

Name:	Florian Franke
Anschrift:	Friesengasse 5, 27669 Kurstadt
Telefon:	0471/5789901 (Mobil: 0177/332289)
Geburtsdatum u. -ort:	1.10.1964 in Bremervörde
Familienstand:	getrennt lebend; 3 Kinder
Nationalität:	deutsch

1.8.1971 – 30.7.1975	**Schulbesuch** der Schwarzmoor-Grundschule in Bremervörde
1.8.1975 – 30.7.1981	Schulbesuch der Otto-Braun-Realschule in Bremervörde mit Realschulabschluss (Note: gut)
1.9.1982 – 31.8.1985	**Berufsausbildung** als Speditionskaufmann bei der Spedition Höfer in Nordenham mit Berufsabschluss als Speditionskaufmann (Note: sehr gut)
1.10.1985 – 31.8.1986	**Wehrdienst** beim 3. Panzerregiment in Emden
22.9.1986	Eheschließung mit Maria Müller
1.9.1986 – 31.12.1986	**Aushilfstätigkeit** in der KFZ-Werkstatt des Vaters in Bremervörde
1.1.1987 – 31.10.1994	**Berufspraxis** in der Spedition Schulze & Söhne in Bremerhaven; davon fast 2 1/2 Jahre als Sachbearbeiter, 2 Jahre als Vorarbeiter, die übrige Zeit als Hallenmeister Schwerpunkt: Beschaffungsmarkt (Lagerung, Umschlag, Nebenleistungen); eigene Kündigung
1.11.1994 – 28.2.2002	Spedition Trommer in Bremerhaven; davon 3 Jahre Schichtleiter mit Verantwortung für 4 Mitarbeiter, danach 3 1/2 Jahre Hallenmeister für alle 12 Beschäftigten, danach wieder Schichtleiter Schwerpunkte: Einteilung des Personals zur Be- und Entladung der Fahrzeuge des Bezirks- und Fernverkehrs, insb. leicht verderblicher Güter; Anleitung von Auszubildenden und neuen Mitarbeitern, vor allem in den Bereichen Warenkunde, Kundeninformationen und PC-Programme; Kündigung durch Arbeitgeber
1.6.2000 – 30.10.2001	**Fortbildung** zum „Geprüften Verkehrsfachwirt, Fachrichtung Güterverkehr" an der Deutschen Außenhandels- und Verkehrs-Akademie, Bremen mit Prüfung vor der IHK Bremen (Note: 1,7)

1.3.2002 – 31.12.2002	Krankheit und Kuraufenthalt in Bad Eilsen
seit 1.1.2003	Arbeit suchend (voll arbeitsfähig) als Verkehrsfachwirt oder Speditionskaufmann, Fachrichtung Güterverkehr in Speditionen oder Großmärkten

Kenntnisse und Fähigkeiten:

Fremdsprachen: Englisch gut in Wort und Schrift

EDV: MS Office mit Access und mehrere einschlägige Programme aus dem Speditionsbereich

Führerschein Klasse 2 und 3

Kurstadt, den 11.01.03

F. Franke

Florian Franke - Verkehrsfachwirt - Speditionskaufmann

Florian Franke Friesengasse 5 27669 Kurstadt Telefon: 0471/5789901
Mobil: 0177/332289

Nahrungsmittel-Logistik Nord
Personalleiterin
Frau Ehrenheim
PF 4712

27580 Bremerhaven

Kurstadt, 11.01.03

Bewerbung als Assistent der Speditionsleitung
Ihre Anzeige im Bremer Morgenblatt vom 07.01.03

Sehr geehrte Frau Ehrenheim,

das Telefonat am 6.1.03 mit Frau Linke hat mir bestätigt, dass mich das ausgeschriebene Aufgabenfeld besonders reizt: Es entspricht meinem Qualifikationsprofil, Erfahrungshorizont und meiner Vorstellung.

Zu meinem beruflichen Hintergrund: Ich bin gelernter, erfahrener Speditionskaufmann und Geprüfter Verkehrsfachwirt. Aus meiner Praxis als qualifizierter Mitarbeiter zweier Speditionen, zeitweilig in leitender Stellung, sind mir Leistungserstellung und Auftragsabwicklung sowie Kennzahlen bestens vertraut. Als Ausbilder gehörte Personalführung zu meinem Aufgabenspektrum, daher habe ich mich auch mit personalwirtschaftlichen Steuerungsinstrumenten befasst. Ich gewinne schnell das Vertrauen von Auszubildenden und neuen Mitarbeitern. Was mich noch auszeichnet: Ich habe ein sicheres Gefühl für logistische Schwachstellen.

Für die Position stehe ich ab März, unter Umständen bereits ab Februar zur Verfügung. Meine Gehaltsvorstellungen erläutere ich Ihnen gern in einem persönlichen Gespräch.

Mit freundlichen Grüßen

Florian Franke

Anlagen

Florian Franke - Verkehrsfachwirt - Speditionskaufmann

Florian Franke Friesengasse 5 27669 Kurstadt Telefon: 0471/5789901
Mobil: 0177/332289

BEWERBUNGSUNTERLAGEN

für
Frau Ehrenheim
Nahrungsmittel-Logistik Nord

Bewerbung als Assistent der Speditionsleitung

 ➔ *Kommentar Seite 78*

Florian Franke - Verkehrsfachwirt - Speditionskaufmann

Florian Franke Friesengasse 5 27669 Kurstadt Telefon: 0471/5789901
Mobil: 0177/332289

Beruflicher Werdegang

Persönliche Daten

Florian Franke
geb. 1.10.1964 in Bremervörde
verheiratet, 3 Kinder

Angestrebte Position: Assistent des Speditionsleiters

Schulausbildung

1971 – 1975	Schwarzmoor-Grundschule, Bremervörde
1975 – 1981	Otto-Braun-Realschule, Bremervörde mit erfolgreichem Realschulabschluss

Berufsausbildung

1982 – 1985	Ausbildung als Speditionskaufmann Spedition Höfer, Nordenham

Arbeitspraxis

1986	Aushilfstätigkeit in KFZ-Werkstatt Franke, Bremervörde

Florian Franke - Verkehrsfachwirt - Speditionskaufmann

Florian Franke Friesengasse 5 27669 Kurstadt Telefon: 0471/5789901
Mobil: 0177/332289

Berufspraxis

Jan. 1987 – Okt. 1994	Spedition Schulze & Söhne, Bremerhaven Tätigkeit als Sachbearbeiter, Vorarbeiter und Hallenmeister mit den Schwerpunkten: – Beschaffungsmarkt: Lagerung, Umschlag, Nebenleistungen – Anleitung von Auszubildenden und neuen Mitarbeitern
Nov. 1994 – Febr. 2002	Spedition Trommer, Bremerhaven Tätigkeit als Schichtleiter mit Verantwortung für vier Mitarbeiter, Hallenmeister mit Verantwortung für 12 Mitarbeiter mit den Schwerpunkten: – Einteilung des Personals zur Be- und Entladung der Fahrzeuge des Bezirks- und Fernverkehrs, insbesondere leicht verderblicher Güter – Anleitung von Auszubildenden und neuen Mitarbeitern, vor allem in den Bereichen Warenkunde, Kundeninformationen und PC-Programme

Fortbildungen

1991	Aufbaukurs MS Word und Excel
1994	Aufbaukurs Business-Englisch
1996	Workshop Personalführung
1998	Kurs Rechtsgrundlagen für Spediteure
Juni 2000 – Okt. 2001	Geprüfter Verkehrsfachwirt, Fachrichtung Güterverkehr Deutsche Außenhandels- und Verkehrs-Akademie, Bremen mit Prüfung vor der IHK Bremen

 ➔ *Kommentar Seite 78*

Florian Franke - Verkehrsfachwirt - Speditionskaufmann

Florian Franke Friesengasse 5 27669 Kurstadt Telefon: 0471/5789901
Mobil: 0177/332289

Sonstiges und Interessen

1985/1986 Wehrdienst in Emden

seit März 2002 private Auszeit mit Regenerationsphase

Orientierungsphase sowie Aktualisierung und Erweiterung meiner PC-Kenntnisse im Selbststudium

Intensives Engagement als Trainer einer Handballmannschaft

Kenntnisse und Fähigkeiten

Fremdsprachen: Englisch gut in Wort und Schrift

EDV: MS Office mit Access und alle einschlägigen Programme aus dem Speditionsbereich

Führerschein Klasse 2 und 3

Kurstadt, 11. Januar 2003

Florian Franke

Florian Franke - Verkehrsfachwirt - Speditionskaufmann

Florian Franke Friesengasse 5 27669 Kurstadt Telefon: 0471/5789901
Mobil: 0177/332289

Warum mich das Aufgabenfeld reizt …

Die Weiterbildung zum Verkehrsfachwirt war die konsequente Fortsetzung meiner Ausbildung zum Speditionskaufmann: Ich habe mir einen Traum erfüllt und viel dazugelernt. Jetzt bin ich qualifiziert dafür, auf der planerischen Ebene zu arbeiten.

Als langjähriger Mitarbeiter von Speditionen, zeitweilig auch als Führungskraft mit Personalverantwortung, habe ich einen vielseitigen Erfahrungshorizont. Daher kann ich die Hintergründe strategischer Sach- und Personalentscheidungen gut einschätzen. Als Berufspraktiker trete ich der Hektik des Alltagsgeschäfts mit logischem Denken und Besonnenheit entgegen.

Zu meiner Vorstellung einer erfüllenden Tätigkeit gehört, innerhalb eines gewissen Rahmens selbständig zu arbeiten. Mit großem Engagement und Initiative bewältige ich die mir gestellten Aufgaben. Ich freue mich über Anerkennung, gewinne Zufriedenheit aber auch durch das unausgesprochene Vertrauen und die Wertschätzung, die mir entgegengebracht werden.

 → *Kommentar Seite 78*

Florian Franke - Verkehrsfachwirt - Speditionskaufmann

Florian Franke Friesengasse 5 27669 Kurstadt Telefon: 0471/5789901
Mobil: 0177/332289

Zeugnisse und Zertifikate

Aus- und Fortbildung

Prüfungszeugnis der IHK Bremen, Ausbildung als Speditionskaufmann

Zertifikat der IHK Bremen, Workshop Personalführung

Zertifikat der IHK Bremen, Rechtsgrundlagen für Spediteure

Prüfungszeugnis der IHK Bremen, Fortbildung zum Gepr. Verkehrsfachwirt

Berufspraxis

Arbeitszeugnis der KFZ-Werkstatt Franke, Bremervörde

Arbeitszeugnis der Spedition Höfer, Nordenham

Arbeitszeugnis der Spedition Trommer, Bremerhaven

Referenzen

Fritz Vahrenberg von der Spedition Trommer, Bremerhaven, steht als Referenzgeber zur Verfügung. Sie erreichen ihn telefonisch unter 0471/786543. Die Firmenanschrift finden Sie im Arbeitszeugnis.

Zu den Bewerbungen von Florian Franke

Die Stellenausschreibung lautete:

> Nahrungsmittel-Logistik Nord, Standort Bremerhaven, sucht einen/eine
>
> **Assistenten/Assistentin der Speditionsleitung**
>
> für Leistungserstellung und Auftragsabwicklung sowie personalwirtschaftliche Steuerungsinstrumente.
>
> Sie haben eine Ausbildung als Speditionskaufmann/-frau, Verkehrsfachwirt/in oder vergleichbare Ausbildung. Idealerweise sind Sie ca. 35 Jahre alt und verfügen über mind. 5 Jahre Berufspraxis, insbesondere mit betriebswirtschaftlichen Kennzahlen und Personalführung, unter anderem als Ausbilder/in. Wenn Sie die Aufgabe reizt, senden Sie uns Ihre Bewerbung unter Angabe Ihres Gehaltswunsches und Ihres frühstmöglichen Eintrittstermins.

Ganz offensichtlich bewirbt sich Herr Franke auf eine Stelle, für die er durch seine Erfahrung als überqualifiziert gilt. Dies ist aus seiner Sicht verständlich, hat er doch durch seine Erkrankung und den Verlust des Arbeitsplatzes einen enormen sozialen Abstieg hinnehmen müssen. Er ist nicht gezwungen, Auskunft über seine Erkrankung zu erteilen, muss jedoch die Lücke in seinem Lebenslauf erklären. Der Schritt, sich als Assistent zu bewerben, sollte nachvollziehbar erscheinen und eventuell in einem Gespräch erläutert werden, z.B.: »Durch außerordentlich große berufliche Verantwortungsübernahme kam die Familie zu kurz. Nach massiven Eheproblemen entschied ich mich dafür, eine gewisse Zeit aus dem Erwerbsleben auszusteigen. Dies war in jeder Hinsicht ein Neuanfang und nach einer Weile fand ich wieder zu mir selbst ...« Eine wirklich große Herausforderung für die Formulierung von Lebenslauf und Anschreiben!

Anschreiben

Version 1 fällt durch die Form eines Geschäftsbriefes einschließlich der besonders großen Darstellung des Absenders auf. Prinzipiell nicht schlecht, Herr Franke kennt dies aus seiner Berufspraxis; die Datumszeile wirkt jedoch etwas zu formell für eine Bewerbung. Er hat leider versäumt, die Ansprechpartnerin für sein Schreiben herauszufinden, und verwendet die äußerst einfallslose Formulierung »hiermit bewerbe ich mich ...«. Im ersten Satz des zweiten Absatzes reiht er zu viele Informationen aneinander, ohne auf inhaltliche Schwerpunkte einzugehen. Die ehrliche Aussage über seine Erkrankung wird mehr Zweifel als Sympathie erwecken – die Vermutung liegt nahe, dass es sich um eine seelische oder Suchterkrankung handelt (der Grammatikfehler »wo ich ... entlassen wurde« statt »aus der ich ...« macht es nicht besser). Zwar überzeugt er durch sein Bemühen, Arbeit zu finden, aber trotzdem kommt diese Aussage bei Personalentscheidern nicht gut an. Auf Arbeitslosigkeit deutet auch seine Bereitschaft hin, sofort zur Verfügung zu stehen. Dies und die brave Angabe seines bescheidenen Gehaltswunsches (ungünstig: extrem geringe Spanne) zeugen von seinem stark gesunkenen Selbstwertgefühl. Unübersehbar kommt dies im letzten Abschnitt zum Ausdruck und wird durch die unterwürfige Abschiedsformel »Hochachtungsvoll« unterstrichen. Dafür vergisst er das Wörtchen »Anlagen« und unterschreibt leider nicht mit seinem vollen Namen.

In **Version 2** hat Herr Franke eine eigene grafisch recht ansprechende Kopfzeile mit seinen Telefonnummern entworfen. Die Betreffzeile enthält alle wichtigen Informationen und erregt Aufmerksamkeit. In dieser Version kann Herr Franke die Personalleiterin mit Namen ansprechen. Im ersten Abschnitt stellt er dar, warum ihn die Stelle reizt. Die Formulierung »Vorstellung« deutet an, weshalb er sich auf eine Assistenten- statt eine Führungsposition bewirbt. Dies wirkt durch Angaben im Lebenslauf (»persönliche Auszeit«) relativ gut nachvollziehbar. Mit der Einleitung »beruflicher Hintergrund ...« vermeidet Herr Franke direkte Angaben zur derzeitigen Tätigkeit. Er erläutert seine Übereinstimmung mit den Stellenanforderungen, die ihn zu einem interessanten Kandidaten machen. Die zusätzliche Qualität »... sicheres Gefühl für logistische Schwachstellen« gibt ihm eine individuelle Note, die in Erinnerung bleibt. Aus seinem möglichen Eintrittsdatum geht hervor, dass er relativ bald verfügbar ist, aber nicht sofort. Empfehlenswert: Gehaltsvorstellungen möglichst erst im persönlichen Gespräch erörtern!

Lebenslauf

Version 1 macht optisch nicht den schlechtesten Eindruck. Trotzdem: ein eintöniges Foto, der Text ist eng gedruckt und nicht nach Kategorien, sondern in strenger zeitlicher Abfolge sortiert. Bei den persönlichen Angaben braucht Herr Franke nicht wirklich darauf einzugehen, dass er von seiner Frau getrennt lebt. Auch die Staatsangehörigkeit kann entfallen, da er kein Ausländer ist bzw. sein Name die Vermutung nicht nahe legt. Die taggenauen Zeiträume sind völlig unüblich und schärfen die Blicke für Lücken, besonders peinlich während der Krankheit. Auch durch seinen Hinweis auf Noten, die lange zurückliegen, hinterlässt der Bewerber keinen guten Eindruck. Er kann seine Wehrdienstzeit aufführen, um diesen Zeitraum zu erklären, Einzelheiten sind überflüssig. Die Eheschließung gehört nicht in den Lebenslauf. Nun kommt der wichtigste Abschnitt, die Berufspraxis: Herr Franke gibt die Zeiten zwar akribisch genau an, die wichtigen inhaltlichen Schwerpunkte fasst er aber weitgehend zusammen. Dummerweise führt er freiwillig den Kündigungsgrund an, eine Aussage, die nicht einmal ein Arbeitszeugnis enthalten darf! Als Letztes erwähnt er die Fortbildung zum Verkehrsfachwirt, gefolgt von seiner Krankheit (mit Erwähnung des Kurorts, fehlt nur noch die Diagnose!) und Arbeitslosigkeit kein schöner Abschluss! Auch hier wieder Datums- und Vornamen-Fehler.

In **Version 2** startet diese Bewerbungsunterlage mit einem sehr gut gemachten Deckblatt. So erweckt man positive Neugierde. Herr Franke hat seinen beruflichen Werdegang auf drei Seiten verteilt, jeweils eingeleitet durch seine ansprechende Kopfzeile. Das Foto fällt durch das Format und die Körperhaltung angenehm auf. Hier hat er seinen Familienstand mit »verheiratet« angegeben, was nicht falsch ist und einen besseren Eindruck hinterlässt als »getrennt lebend«. Zur Verstärkung seines Interesses betont er anschließend noch einmal die angestrebte Position. Die folgende Auflistung entspricht der traditionellen Reihenfolge, da Herr Franke einen zielgerichteten Berufsweg beschritten hat, der ihm erst in der letzten Zeit »aus den Händen glitt«. Nun versieht er seine Lebensstationen mit Überschriften und bezeichnet die Zeiträume nur bei wichtigeren, neueren Daten monatsgenau. Er verzichtet darauf, die einzelnen Positionen bei einem Arbeitgeber mit Dauer in Jahren zu versehen und hebt dafür die Bedeutung der inhaltlichen Schwerpunkte heraus. Bei seinen Fortbildungen führt er viele an, die ihm in Version 1 unwichtig erschienen – sie weisen seine Qualifikation nach und lenken vom wenig vorteilhaften Auslaufen seiner Karriere ab. Unter »Sonstiges und Interessen« bezeichnet Herr Franke geschickt seine Alkoholabhängigkeit mit Kuraufenthalt als »private Auszeit mit Regenerationsphase«, ergänzt um »Orientierungsphase …«, die ihn in ein besseres Licht rückt. Sein Engagement in der Handballmannschaft zeugt von Verantwortungsvermögen und Führungsqualitäten – der Eindruck wird haften bleiben! Mit dieser Version hat Herr Franke die richtigen Stellen betont und andere umschrieben. Er muss sich nur noch darauf vorbereiten, in einem Vorstellungsgespräch seine »Auszeit« näher zu erläutern. Ein gutes Bewerbungsschreiben kann den Weg dahin ebnen!

Hinter dem Lebenslauf fügt Herr Franke eine Dritte Seite ein, um seine Motivation zu unterstreichen. Er greift den ersten Absatz des Anschreibens auf und erläutert die dort vorkommenden Begriffe Qualifikationsprofil, Erfahrungshorizont und Vorstellung in jeweils einem Absatz. Damit hebt er sich von der Masse anderer Bewerber ab und entwirft ein rundes Bild seiner Persönlichkeit. Ganz am Schluss der Bewerbung verschafft das Anlagenverzeichnis den Überblick und spricht optisch an. Auch ein Beweis für sein gut durchdachtes und bestens organisiertes Arbeiten. Und urteilen Sie selbst: Der volle Name wirkt einfach besser.

Rechtschreibfehler

Auch in diesen Bewerbungsunterlagen haben wir keine Rechtschreibfehler gefunden.

Günter Grube, Hauptstr 2, 68219 Mannheim

An den Herrn oder die Frau Personalleiter
Baumschule Rosenbusch
Am Weidenwäldchen 3
68309 Mannheim

Mannheim den 5.3.2003

Sehr geehrte Damen und Herrn!

Ich möchte gern in Ihrer Baumschule arbeiten weil ich Erfahrung und den grünen Daumen habe. Dazu schicke ich Ihnen meine Bewerbung. Lesen Sie einfach was ich so alles gemacht habe das wird ihnen gefallen. Ich habe im Gartenbau und auf dem Bau gearbeitet. Ich war leider auch im Bau wo ich im Gewächshaus gute Ergebnisse brachte mit Gemüse. Das ist jetzt vorbei ich bin redlich und fleißig und kann gut mit Pflanzen umgehen. Deshalb bin ich für Ihre Baumschule der geeignete Mann. Bitte stellen Sie mich ein.

Hochachtungsvoll Ihr höchst ergebener

Günter Grube

 → *Kommentar Seite 86*

Lebenslauf

Ich wohne in der Hauptstr. 2 68219 Mannheim und meine Telefonnummer ist (0621) 7792334. Ich bin am 5.2.1960 in Ludwigshafen geboren als 2. von 4 Kindern. Mein Vater war Klempner der starb aber schon vor 24 Jahren bei einem Unfall.

1966	wurde ich in die Klasse 1b der Carl-Zuckmayer-Grundschule eingeschult.
1971	wechselte ich zur Rheinufer-Hauptschule, wo ich im Jahr 1977 abging ohne Abschluss.
1978	fing ich an in der Süd-Lagerhalle am Rhein als Hilfskraft zu arbeiten. In dieser Zeit machte ich einen Fehler und musste 2 Monate in die Jugendhaftanstalt.
1979 bis 80	arbeitete ich als Packer im Lömeier-Werk in Mannheim.
1981	holte ich den Hauptschulabschluss nach bei der Jugendhilfe-Station von Ludwigshafen.
1982 bis 89	arbeitete ich als Hilfskraft auf mehreren Baustellen in der Umgebung von Mannheim und Ludwigshafen.
1990 bis 91	war ich öfters krank und arbeitslos und habe mich öfters um meine alte Mutter gekümmert.
1992	war ich Sozialhilfeempfänger und fast obdachlos. Dann dachte ich jetzt muss ich was ändern in meinem Leben.
1993 – 97	arbeitete ich als Fließbandarbeiter und ähnliches in der Chemischen Fabrik Grönde in Mannheim wo ich viel lernte über Pflanzenschutzmittel. Dort gab es auch Versuchsstationen wo die ausprobiert wurden und das interessierte mich sehr.
1998 - 99	hat mir ein Kumpel angeboten mit ihm ein Geschäft aufzumachen wo wir mit gebrauchten Geräten gehandelt haben. Erst lief es ganz gut und ich hoffte das ich viel verdienen könnte. Später lief es nicht mehr so gut und ich musste noch Nebenjobs annehmen.

2000 - 01	verlor ich alle meine Jobs und als ich dann ein Geschäft auf eigene Kasse machen wollte gab es Ärger. Ich wurde zu einem Jahr in der Vollzugsanstalt von Mannheim verurteilt. Dort arbeitete ich im Gewächshaus wo ich viel Erfolg bei der Pflanzenzucht hatte weil ich Erfahrung aus der Pflanzenschutzfabrik hatte. Meine Tomaten waren die größten und leckersten.
Seit Juli 01	(meiner Entlassung) pflege ich die Gärten von Leuten aus meiner Nachbarschaft und sie sind alle sehr zufrieden. Sie sagen sogar ich habe den grünen Daumen. Deshalb will ich auch weiter mit Pflanzen arbeiten in Baumärkten oder Baumschulen wie Ihrer. Bitte geben Sie mir eine Chance.

5.3.2003

Günter Grube

GÜNTER GRUBE

Günter Grube
Hauptstr. 2
68219 Mannheim
Telefon: 779 23 34

Baumschule Rosenbusch
Herrn Wedekind, Personalleiter
Am Weidenwäldchen 3

68309 Mannheim

Mannheim, 5.3.2003

Bewerbung als Gärtnergehilfe
Ihre Anzeige im Mannheimer Tageblatt, 28.2.03

Sehr geehrter Herr Wedekind,

die Baumschule Rosenbusch ist mir als begeisterter Gartenfreund selbstverständlich bekannt. Daher sende ich Ihnen meine Bewerbung und hoffe, dass sie Ihr Interesse finden wird. Ich erfülle alle Anforderungen, die Sie an den Bewerber stellen.

Meine Freunde sagen über mich, ich habe den „grünen Daumen".
Diese Fähigkeit beweise ich bei der Pflege von Privatgärten und bei der Mitarbeit in Gartenbaufirmen. Als Hilfskraft auf Baustellen habe ich handwerkliche Fähigkeiten erworben und auch mit Verkaufstätigkeiten Erfahrung.
Ich arbeite gern körperlich an der frischen Luft, bin vielseitig und übernehme alle Aufgaben. Deshalb ist die Beschäftigung in einem Betrieb wie Ihrer Baumschule (auch befristet) für mich geeignet und reizvoll.

Ich komme gern jederzeit bei Ihnen vorbei, damit Sie mich persönlich kennen lernen können.

Mit freundlichen Grüßen

Günter Grube

Anlagen

Lebenslauf

Günter Grube
Hauptstr. 2, 68219 Mannheim, Telefon (0621) 7792334
geboren am 5.2.1960 in Ludwigshafen

Berufspraxis

seit 2001	Pflege von Privatgärten und Terrassenbepflanzungen: Wässern, Vermehren, Beschneiden, Umpflanzen, Pflanzenschutzbehandlung und Gestaltungsvorschläge
1998 – 1999	Gewerbliche Tätigkeit: Handel mit gebrauchten Elektrogeräten sowie Nebentätigkeiten
1993 – 1997	Fließbandarbeiter in der Chemischen Fabrik Grönde, Mannheim, mit Einblick in die Versuchsanlagen für Pflanzenschutzmittel
1991 – 1992	Aushilfstätigkeiten bei Landschaftsbaufirmen und auf Friedhöfen, Pflege von Privatgärten
1983 – 1989	Hilfsarbeiter auf Baustellen in der Umgebung von Mannheim und Ludwigshafen, davon: 1987/1988 für die Holzminden AG (Kongresszentrum in Hockenheim-West) 1984/1985 für die Herta Bau KG (Bürogebäude in Schifferstadt-Süd)
1979 – 1980	Packer im Lömeier-Werk, Mannheim
1978	Hilfskraft in der Süd-Lagerhalle am Rhein, Ludwigshafen

Weitere Tätigkeiten und Lebensphasen

2000	Ausstieg und Neubeginn mit Lebenspartnerin in Portugal: Ausbau eines Bauernhofes und Gartenbau
1990	Pflege meiner kranken Mutter einschließlich Versorgung ihres Haushaltes und Gartens

 → *Kommentar Seite 86*

Schulbildung

1981/1982	Nachholen des Hauptschulabschlusses, Jugendhilfe-Projekt Ludwigshafen
1966 – 1977	Grund- und Oberschule in Ludwigshafen

Weiterbildungen

- Obstbaumschnitt, Volkshochschule Worms-Neustadt
- Einführung in die Textverarbeitung mit MS Word, Nachbarschaftsheim Mannheim
- Berufsorientierung und Motivationstraining, Nachbarschaftsheim Mannheim

Kenntnisse und Fähigkeiten

- Portugiesisch: Grundkenntnisse
- Führerschein Klasse 3

Hobbys

- Gestaltung und Bepflanzung von Trockenmauern
- Kraftsport, Gewichtheben

Mannheim, 5.3.2003

Günter Grube

Zu den Bewerbungen von Günter Grube

Die Stellenausschreibung lautete:

> Gärtnergehilfe für Baumschule gesucht: Umtopfen, Wässern, Verpacken, einfache Reparaturaufgaben sowie gelegentlich Unterstützung im Verkauf, zunächst nur bis Ende Oktober 03. Anforderungen: Erfahrung mit Gärtnerarbeiten, zuverlässig, schnell und in körperlich guter Verfassung.
>
> Ihre Bewerbung mit Foto und Lebenslauf richten Sie bitte an:
> Baumschule Rosenbusch, Personalleitung,
> Am Weidenwäldchen 3, 68309 Mannheim

Wieder erleben wir einen Kandidaten, der Erfahrungen gemacht hat, die ihn als Bewerber normalerweise ins Abseits stellen: Verurteilung wegen Hehlerei und Strafverbüßung in einer Haftanstalt. Eine Vorstrafe muss er weder schriftlich noch in einem Gespräch angeben, außer wenn er sich um eine Vertrauensstellung bewirbt: Dann kann der Arbeitgeber ein polizeiliches (Teil-)Führungszeugnis verlangen, z.B. um zu verhindern, dass ein Sexualstraftäter als Sozialarbeiter Jugendliche in einer Wohngemeinschaft betreut. Als Bewerber kann er seine Chancen verbessern, wenn er sich für die entsprechenden Zeiträume eine glaubwürdige Geschichte ausdenkt – und in der Lage ist, sie überzeugend zu erzählen! Zu den Möglichkeiten zählt zum Beispiel der Auslandsaufenthalt in einem Land, für das er keine Aufenthaltsgenehmigung braucht.

Anschreiben

Schon der Briefkopf von **Version 1** wirkt unübersichtlich: Die Absenderzeile ist in keiner Weise hervorgehoben, es fehlt die Telefonnummer; im Adressblock wendet sich Herr Grube recht ungeschickt an »Herrn oder Frau Personalleiter« und lässt vor dem Ort keine Zeile frei. Leider hat er die Betreffzeile vergessen, ein schweres Versäumnis! Der Text ist in einem extrem naiven Stil gehalten und zeugt von mangelnder Kenntnis in Kommasetzung und Rechtschreibung. Der Bewerber könnte mit seiner arglosen, humorvollen Aussage »Ich war leider auch im Bau ...« durchaus Sympathie erwecken, wenn er an einen Personalleiter gerät, der weniger auf Formalitäten achtet als auf Ehrlichkeit und der eine soziale Ader hat. Davon ist jedoch nicht immer auszugehen! Die Schlussformel »Hochachtungsvoll Ihr höchst ergebener ...« klingt altmodisch und sehr nach Anbiederung. Außerdem vergisst Herr Grube, auf Anlagen hinzuweisen.

In **Version 2** teilt er das Blatt schon sehr viel besser ein, wodurch Absender (diesmal mit Telefonnummer, wenn auch ohne Vorwahl, da innerhalb von Mannheim) und Adressat klar erkennbar sind. Die Betreffzeile kennzeichnet, worum es in seinem Schreiben geht. Er hat durch einen Besuch der Baumschule den Ansprechpartner für seine Bewerbung herausgefunden. Nun beschreibt er mit einfachen, klaren Worten seine Begeisterung für den Gartenbau und seinen Wunsch, für diesen Arbeitgeber tätig zu werden. Die Aussage »ich erfülle alle Anforderungen...« stößt normalerweise bei Personalentscheidern auf Ablehnung, wird hier jedoch im zweiten Absatz näher ausgeführt. Der »grüne Daumen« gilt bei Gärtnern sicherlich als notwendig, schadet jedoch auch bei Hilfskräften nicht. Bedeutend sind ebenso Aussagen über seine handwerklichen Fähigkeiten und die körperliche Verfassung. Er betont nochmals sein großes Interesse und seine Bereitschaft, vielseitige Tätigkeiten auszuüben. Solch ein Bewerber hat durchaus Chancen auf eine längerfristige Beschäftigung! Positiv hervorzuheben ist auch die Zeilenführung. Kein Wort steht allein und wenig sinnvoll auf einer Zeile. Die gelungene Gedanken- und Zeilenführung erleichtern das Lesen und damit die Informationsaufnahme.

Lebenslauf

In **Version 1** verbindet Herr Grube den tabellarischen Aufbau eines Lebenslaufes mit der beschreibenden Form eines Aufsatzes. Hier fällt es besonders auf, dass er keine Kommas verwendet. Auch ist die linke Spalte so schmal, dass nicht die vollen Jahreszahlen hineinpassen. Der Bewerber sollte sich entscheiden, ob er zwischen den Zahlen das Wörtchen »bis« oder einen Gedanken- bzw. Trennstrich verwendet. Er erwähnt überflüssige Dinge, z.B. seine Geschwister, seinen Vater sowie in welche Klasse welcher Grundschule er eingeschult wurde. Andere Fakten haben große Bedeutung, schaden ihm jedoch und müssen bei der ausgeschriebenen Stelle nicht erwähnt werden: die Zeiträume seiner Krankheit, Arbeitslosigkeit und des Strafvollzuges. Er beschreibt ehrlich und nachvollziehbar, dass er Fehler begangen hat und sein Verhalten ändern will, aber wenn Herr Wedekind das wüsste, hätte Herr Grube wahrscheinlich (leider) keine Chance! Die Beschreibung seiner gärtnerischen Erfolge ist rührend – nur passen sie besser in das Anschreiben oder einen gesonderten Abschnitt, nicht in den Lebenslauf.

Version 2 ist besser aufgebaut, enthält die notwendigen Daten und das Bewerberfoto an der richtigen Stelle. Herr Grube hat den Text auf wesentliche Angaben beschränkt und diese lockerer auf zwei Seiten angeordnet. Wie schon in anderen Bewerbungsbeispielen wurden hier die Zeiträume in Bereiche unterteilt, die eine gewisse Ordnung herstellen und Lücken überspielen. Der »amerikanische« Lebenslauf hat für ihn Vorteile, weil er seine derzeitige fachliche Tätigkeit in den Mittelpunkt rückt. Die schwierige Lebensphase 1991/1992 umschreibt er mit fachlichen Tätigkeiten, die nicht nachweisbar, aber auch nicht widerlegbar sind – es könnten kurze (oder nicht angemeldete) Arbeitsverhältnisse gewesen sein, für die er keine Zeugnisse bekommen hat. Zwar sind dies teilweise erfundene Beschäftigungsverhältnisse, aber wenn Herr Grube sicher ist, die entsprechenden Erfahrungen zu haben bzw. vorweisen zu können, kann er damit die beiden Jahre füllen. Es kommt sicher gut an, dass Herr Grube zwei seiner Tätigkeiten als Bau-Hilfsarbeiter besonders hervorhebt, auch wenn, wie aus den Anlagen zu ersehen ist, nur eine durch ein Zeugnis belegt wird. Die Art und Weise, wie der Bewerber seine gewerbliche Tätigkeit beschreibt, lässt erahnen, dass es Schwierigkeiten gab. Die unangenehmen Folgen hat er als »Ausstieg und Neubeginn …« unter der Überschrift »sonstige Tätigkeiten« gut umschrieben: Auch diese Phase kann glaubwürdig erscheinen, sofern er sich den Aufenthalt in Portugal etwas genauer ausmalt und sich einige Höflichkeitsfloskeln in Portugiesisch aneignet. Die Pflege der alten (kranken) Mutter ist teilweise wahr und spricht für ihn. In dieser Version des Lebenslaufes hat sich Herr Grube an einige Fortbildungen erinnert, seine Kenntnisse erläutert und Hobbys angegeben, die für die ausgeschriebene Stelle von Vorteil sein könnten. Die Anzahl seiner Anlagen ist gering, deshalb hat er darauf verzichtet, eine eigene Seite zu gestalten. Mit diesen Veränderungen wirkt die Bewerbung insgesamt schon sehr viel solider!

Rechtschreibfehler

Seite 80

Zeile 1: Hauptstr → Hauptstr.
Zeile 6: Mannheim den → Mannheim, den
Zeile 7: Herrn! → Herren!
Zeile 8: arbeiten weil → arbeiten, weil
Zeile 10: einfach was → einfach, was
Zeile 10: habe das → habe, das
Zeile 10: wird ihnen → wird Ihnen
Zeile 11: Bau wo → Bau, wo
Zeile 12: vorbei ich → vorbei, ich

Seite 81

Zeile 2: Das Komma zwischen Straße und Postleitzahl fehlt
Zeile 4: Klempner der → Klempner, der
Zeile 9: fing ich an in → fing ich an, in
Zeile 19/20: Dann dachte ich jetzt → Dann dachte ich, jetzt
Zeile 22: Mannheim wo → Mannheim, wo
Zeile 23: Versuchsstationen wo → Versuchsstationen, wo
Zeile 24: wurden und das → wurden, und das
Zeile 25: Bindenstrich zwischen den Jahresangaben ist zu kurz
Zeile 25: angeboten mit → angeboten, mit
Zeile 25/26: aufzumachen wo → aufzumachen, wo
Zeile 27: ich hoffte das → ich hoffte, dass

Seite 82

Zeile 1: Bindenstrich zwischen den Jahresangaben ist zu kurz
Zeile 2: wollte gab → wollte, gab
Zeile 4: Gewächshaus wo → Gewächshaus, wo
Zeile 5: hatte weil → hatte, weil
Zeile 10: sogar ich → sogar, ich

henrike helmich
Karl-Marx-Str. 93a
01122 Dresden
Telefon: 0351/565758
E-Mail: HenrikeH@t-online.de

Architekturbüro Wenzel
Erzgebirgestraße 4

01072 Dresden

Dresden, 20.3.03

Bewerbung als Bürokraft
Annonce im Dresdener Tageblatt vom 16.3.03

Sehr geehrter Herr Wenzel,

Ihre Anzeige hat mein besonderes Interesse gefunden, weil ich für die Stelle qualifiziert bin und die nötigen Erfahrungen mitbringe. Mit MS Word, Excel, Internet und E-Mail kenne ich mich bestens aus.

Bisher war ich meist als Putzfrau und Haushaltshilfe tätig, in letzter Zeit habe ich jedoch auch Büroarbeiten erledigt. Aus gesundheitlichen Gründen möchte ich mich der körperlich weniger anstrengenden Schreibtischarbeit zuwenden. Aus dem gleichen Grund kommen für mich auch nur geringfügige Beschäftigungsverhältnisse in Frage. Wie Sie meinen Unterlagen entnehmen können, habe ich an vielen Fortbildungen teilgenommen und dabei viel gelernt. Nun möchte ich es verstärkt anwenden.

Ich bin freundlich und helfe Ihnen gern bei allen Arbeiten. Wenn Sie mich zu einem Gespräch einladen, können wir das noch vertiefen.

Mit freundlichen Grüßen,

Henrike Helmich

Anlagen

henrike helmich
Karl-Marx-Str. 93a
01122 Dresden
Telefon: 0351/565758
E-Mail: HenrikeH@t-online.de

LEBENSLAUF

Über meine Person:
geboren am 30.4.1955 in Cottbus
geschieden, ortsungebunden

Berufspraxis:
Handwerkerin, Verkäuferin und Haushaltshilfe

Berufsziel:
Geringfügig Beschäftigte im Büro

Berufliche Weiterbildungen (Volkhochschule Dresden, 1992-2002):

- Grund- und Aufbaukurs MS Word
- Grundkurs MS Excel
- Kurs Bewerbungstraining
- Kurs Persönlichkeitsentwicklung
- Kurs Feng Shui im Büro
- Kurs Telefonmarketing
- Kurs Internet und E-Mail
- Kurs Entspannung durch Yoga
- Kurs Präsentation und Rhetorik

Berufliche Erfahrungen

März 2000 – jetzt	geringfügige Beschäftige/Putz- und Bürokraft beim Fahrradladen Schröder, Dresden
Juli 1998 – Nov. 1999	geringfügige Beschäftige/Putzfrau im Notariatsbüro von Hassel, Dresden

Jan. 1992 – Juni 1998	geringfügig Beschäftigte/Haushaltshilfe und Kinderfrau im Privathaushalt von Dr. Werner, München
Juni 1991 – Dez. 1991	Arbeit suchend und berufliche Neuorientierung
Jan. 1990 – Mai 1991	Hilfsschwester im Elisabeth-Krankenhaus, Potsdam
Sept. 1986 – Dez. 1989	Teilzeit-Verkaufshilfe in mehreren Konsumläden, Potsdam
Jan. 1985 – Aug. 1986	keine Berufstätigkeit wegen schwerer Krankheit und Rekonvaleszenz
Jan. 1981 – Dez. 1985	Dispatcher im Messe-Zentrum Leipzig
Jan. 1976 – Dez. 1980	Verkäufer im Messe-Zentrum Leipzig
1975	Werkzeugmacher im VEB Leuchtkörper Cottbus

Schul- und Berufsausbildung

1972 – 1974	Lehre als Werkzeugmacher im VEB Leuchtkörper Cottbus
1962 – 1972	Besuch der Grundschule und polytechnischen Oberschule Rosa Luxemburg, Cottbus, mit mittlerem Bildungsabschluss

Besondere Kenntnisse, Erfahrungen, Engagements und Interessen

- Fahrerlaubnis Klasse 3
- Fremdsprachen: Englisch und Russisch (Schulniveau)
- Organisation von Auftritten einer Wanderdisko
- Jazzdance, Schwimmen
- Meditation
- Samba-Trommeln
- Ehrenamtliche Betreuung von Aids-Patienten

Dresden, 20.3.2003

Henrike Helmich

 → *Kommentar Seite 94*

Henrike Helmich

Karl-Marx-Str. 93 • 01122 Dresden
Fon 0351/565758 • Mail HenrikeH@t-online.de

Architekturbüro Wenzel
Erzgebirgestraße 4

01072 Dresden

Dresden, 20.03.03

→ **Bewerbung als Bürokraft** ←

Sehr geehrte Frau Wenzel,

vielen Dank für unser heutiges Telefonat, in dem Sie mir weitere Informationen zum Aufgabengebiet gegeben haben. Ich bin mir sicher, dass ich Ihnen als Bürokraft eine große Unterstützung sein kann.

Mein Berufsweg ist gekennzeichnet von Herausforderungen, die ich angenommen und gemeistert habe. In der DDR musste ich einen handwerklichen Beruf erlernen, habe jedoch den Wechsel in den kaufmännischen Bereich geschafft. Nach überstandener schwerer Krankheit konnte ich nur noch Teilzeitstellen annehmen, zunächst als Haushaltshilfe, inzwischen auch als Bürokraft. MS Word, Excel, Internet und E-Mail wende ich täglich an.

Im Laufe meiner Berufspraxis habe ich ein Gefühl dafür entwickelt, welche Aufgaben vordringlich sind, die ich dann mit Ruhe und Sorgfalt erledige. Meine Kollegen schätzen auch meine ausgeprägte Freundlichkeit und Hilfsbereitschaft.

Über die Gelegenheit zu einem persönlichen Gespräch freue ich mich.

Mit freundlichen Grüßen

Henrike Helmich

Anlagen

Henrike Helmich

Karl-Marx-Str. 93 • 01122 Dresden
Fon 0351/565758 • Mail HenrikeH@t-online.de

Angestrebte Position:

→ **Büroangestellte (geringfügig beschäftigt)** ←

zu meiner Person

geb. am 30.4.1955 in Cottbus
unverheiratet, ortsungebunden

Berufliche Erfahrungen

seit März 2000	Bürohilfe und Reinigungskraft im Fahrradladen Schröder, Dresden-Neustadt, insbesondere – vorbereitende Korrespondenz, Ablage – Telefondienst, E-Mails, Internetrecherchen – vorbereitende Buchhaltung
1998/1999	Reinigungskraft und Büroaushilfe im Notariatsbüro Hugo von Hassel, Dresden
1992 – 1998	Haushaltshilfe und Kinderfrau im Privathaushalt von Dr. Werner, München
1990/1991	Hilfsschwester im Elisabeth-Krankenhaus, Potsdam
1986 – 1989	Verkaufshilfe in einem Lebensmittelladen, Potsdam
1981 – 1984	Dispatcher/Organisatorin im Messe-Zentrum Leipzig
1976 – 1980	Verkäuferin im Messe-Zentrum Leipzig
1975	Werkzeugmacherin im VEB Leuchtkörper Cottbus

Sonstiges

1985	Krankheit und Rekonvaleszenz

Berufliche Weiterbildungen

- → Grund- und Aufbaukurs MS Word
- → Grundkurs MS Excel
- → Internet und E-Mail
- → Telefonmarketing
- → Präsentation und Rhetorik
- → Feng Shui im Büro

Schul- und Berufsausbildung

1972 – 1974	Lehre als Werkzeugmacherin im VEB Leuchtkörper Cottbus
1962 – 1972	Grund- und Oberschule mit Realschulabschluss, Cottbus

Besondere Kenntnisse

- → PC: MS Office mit Word, Excel, Outlook, Internet Explorer
- → Fremdsprachen: Englisch (Grundkenntnisse) und Russisch (Schulniveau)
- → Führerschein Klasse 3

Interessen und Engagements

- → Jazzdance, Schwimmen
- → Samba-Trommeln
- → Ehrenamtliche Betreuung von Aids-Patienten

Dresden, 20.03.03

Henrike Helmich

Zu den Bewerbungen von Henrike Helmich

Die Stellenausschreibung lautete:

> Dringend gesucht: **Bürokraft (geringfügig beschäftigt)** für Architekturbüro, Dresdener Innenstadt, an 2 Tagen/Woche nachmittags. Sie gehen sicher mit MS Word und Excel, Internet und E-Mail um. Sie sind freundlich und haben ausreichend Berufserfahrung, um auch bei großem Stress Ruhe zu bewahren. Wir sind eine lebendige, kreative Bürogemeinschaft, die praktische Hilfe bei Angebotserstellung und Wettbewerben braucht. Wir freuen uns auf Ihre vollständige Bewerbung: Architekturbüro Wenzel, Erzgebirgestraße 4, 01072 Dresden, Tel. 0351/46893001

Für diese Bewerbung ist von Bedeutung, dass Frau Helmich wegen ihrer früheren Krankheit gewisse gesundheitliche Einschränkungen nicht verschweigen kann und will. Sie erhält eine Rente, deren Anspruch sie nur behält, wenn sie höchstens eine geringfügige Beschäftigung ausübt.

Anschreiben

Version 1 fällt durch übertriebene Formatierung aus dem Rahmen. Peinlich, dass die Bewerberin wie selbstverständlich »Herrn Wenzel« anspricht, während eine Frau (Es gibt auch Architektinnen!) das Büro leitet. Obwohl es verständlich ist, dass Frau Helmich auf ihre gesundheitlichen Einschränkungen eingeht, legt »körperlich weniger anstrengende Schreibtischarbeit« die Vermutung nahe, dass sie sich in erster Linie schonen will. Der Satz über ihre Fortbildungen klingt einfallslos, noch dazu kommt eine unnötige Wortwiederholung (»viel«) vor. Alles sehr ungeschickt!

Version 2 ist kreativ, aber doch viel beruhigender für das Auge als Version 1. Die Betreffzeile ergänzt Frau Helmich um Pfeile, die ihr Anliegen betonen. Durch ein Telefonat hat sie Frau Wenzel als Chefin herausgefunden. Da sie nichts verschweigen will, tritt sie die »Flucht nach vorn« an: Sie schildert mutig und überzeugend die Hürden, die sie erfolgreich genommen hat. Auch die in der Anzeige geforderten Kenntnisse und Eigenschaften belegt sie in anschaulicher Weise. Sie scheint zum Architekturbüro zu passen!

Lebenslauf

In **Version 1** steigert Frau Helmich die Bandbreite ihrer Formatierungen (und grafischen Spielereien), was den Leser noch stärker verwirrt. Mit der Gegenüberstellung von Berufspraxis und Berufsziel will sie ihre Flexibilität betonen, könnte damit aber ihr Ziel verfehlen. So verhält es sich auch mit der Aufzählung der Fortbildungen, die zwar wichtig (wenn auch nicht alle!), aber nicht wichtiger als die Berufserfahrungen sind – daher sollten sie besser nicht zuerst erwähnt werden. Bei der Praxis fällt es unangenehm auf, dass sie zunächst jeweils »geringfügig Beschäftigte« schreibt – das ist keine Tätigkeit! Die Zeiträume sind so genau angegeben, dass sie auch ihre Arbeitslosigkeit erwähnen muss, schade! Das ist lange her und interessiert doch heute niemanden! Ihr beeindruckendes Tätigkeitsspektrum, das mit der verantwortungsvollen Position im Messe-Zentrum seinen Höhepunkt fand, wird leider vom Seitenumbruch unterbrochen. Durch die Berufsbezeichnungen merkt man ihr die DDR-Vergangenheit an. Das kann bei manchen Formulierungen zu Problemen führen. Im Abschnitt »Besondere Kenntnisse ...« fasst sie zu viele Daten/Informationen unter einer Überschrift zusammen (z.T. sind diese auch nicht für die jetzige Bewerbung von Bedeutung). Auf Anlagen zum Lebenslauf sind wir schon bei einigen Beispielen eingegangen und verzichten jetzt darauf. Das Foto ist außergewöhnlich und ein Hingucker.

Version 2 ist vom Druckbild her viel ansprechender. Auch hier weist die Bewerberin auf ihre angestrebte Position hin, die mit Pfeilen besonders betont wird. Durch ihre beruflichen Erfahrungen erscheint sie in Büroarbeit ausreichend qualifiziert. Die Fortbildungen hat sie jetzt sorgsam ausgewählt und nach Bereichen sortiert. Bei den besonderen Kenntnissen hebt sie wichtige PC-Kenntnisse gesondert hervor, ihre Hobbys gibt sie konzentriert an. An dieser Stelle kommt ihr Engagement in der Aids-Hilfe erst richtig zur Geltung: Es verdient Hochachtung und zeigt, dass sie ihre eigene schwere Erkrankung auch psychisch überwunden hat! Mit diesem klassischen Foto (leicht angeschnitten!) gewinnt die Bewerberin aber auch die Sympathien der Leser.

Rechtschreibfehler

Seite 89

Zeile 14: Volkhochschuke → Volkshochschule

Zeile 14: Bindestrich zwischen den Jahresangaben ist zu kurz

Ingo Imker
Schillerstraße 21
18273 Güstrow
Tel.: 03843/2357498

Handwerkskammer Schwerin
Friedensstraße 4 A
19053 Schwerin

Güstrow, den 20.4.2003

Initiativbewerbung als Sachbearbeiter mit Beratungstätigkeiten

Sehr geehrte Damen und Herren,
hiermit möchte ich meinem großen Interesse an einer Tätigkeit in Ihrer Institution Ausdruck verleihen, daher erhalten Sie meine Bewerbung. Ich bin ein gestandener Handwerker, jedoch durch einen Bandscheibenvorfall nicht mehr in der Lage, meinen Beruf auszuüben. Daher möchte ich gern in Ihrer Kammer oder der von Neubrandenburg oder Rostock, an die ich ebenfalls eine Bewerbung geschickt habe, als Sachbearbeiter oder als Berater von Existenzgründern arbeiten. Ich habe einen großen Erfahrungsschatz weiterzugeben. Junge Leute können eine Menge von mir lernen, wie man ein Geschäft aufzieht, denn ich unterstütze seit einiger Zeit erfolgreich meinen Schwiegersohn darin, einen Heimwerkerladen aufzubauen. Ich kenne mich jetzt auch gut mit dem Computer und mit Buchführung, Einkauf, Steuer etc. aus. Außerdem kann ich mich gut in neue Gebiete einarbeiten, die ich bisher nicht beherrsche.

Mit freundlichen Grüßen, Ihr Ingo Imker

Anlagen:
- Foto
- Lebenslauf
- Kopien mehrerer Zeugnisse

Lebenslauf

Name: Ingo Imker
Adresse und Telefon: Schillerstraße 21,
18273 Güstrow, Tel.: 03843/2357498
Geburtdatum und -ort: 21.8.1952 in Pasewalk
Familienstand: verheiratet

1959 – 1969:
Einschulung; Abschluss der Polytechnischen Oberschule (Pasewalk)

1969 – 1972:
Lehre als Fliesenleger im Kombinat Ernst Thälmann (Pasewalk)

1973 – 1977:
Montage: Fliesenarbeiten (Wandfliesen, Badewannen/Duschen), Maurerarbeiten (Setzen von Trennwänden, Abdichtungen) in Plattenbauten, Kombinat Roter Oktober (Stralsund)

1978 – 1981:
Montage: Fliesenarbeiten (Bodenfliesen) in Plattenbauten als Vorarbeiter (Greifswald und Berlin), Kombinat Lenin

1982 – 1990:
Polier auf Großbaustellen (Haus der Kultur in Rostock, Grundschule in Wismar, Hotel in Warnemünde): zuständig für Bodenplatten und Wandmosaiken in Eingangsbereichen

1991:
Fortbildung zum Mosaiklegermeister (Handwerkskammer Rostock)

1992 – 1997
Fliesenleger/Mosaikleger in der Altbausanierung (Berlin-Prenzlauer Berg und -Mitte, Lübeck), v.a. Restaurierung von Badezimmerböden und Mosaiken, Neuverfliesung von Bädern und Küchen, Bodenplatten in Treppenhäusern, Einbau von Trennwänden, meist im Auftrag der Baufirmen „Mitte ins Zentrum", „Schwaron" und „Lübeck-Liebich"

1998
Krankheit (Bandscheibenvorfall) und Kuraufenthalt (Templin)

1999
Arbeitslosigkeit, Arbeitsamtsmaßnahme „Bewerbungs- und Motivationstraining" und „PC-Grundwissen Textverarbeitung und Tabellenkalkulation" (Bildungsstätte Meyer)

Seit 2000
Mithelfender Familienangehöriger beim Aufbau eines Geschäfts für Heimwerkerbedarf (Güstrow)

Kenntnisse:
Restaurierung von Mosaikfußböden
Beratungsfähigkeit und Verkaufstalent
Fahrerlaubnis Klasse 3

Ingo Imker
Schillerstraße 21
18273 Güstrow
Tel.: 03843/2357498
E-Mail: biene@gmx.de

Handwerkskammer Schwerin
Frau Russel
Friedensstraße 4 A

19053 Schwerin

Güstrow, 20.4.2003

Initiativbewerbung als
Sachbearbeiter und/oder Existenzgründungs-Berater

Sehr geehrte Frau Russel,

in einem interessanten Telefonat mit Herrn Oberbeck vom 18.4.03 erfuhr ich, dass Sie die Ansprechperson für mein Bewerbungsvorhaben sind. Gern übergebe ich Ihnen diese Unterlagen, die meine Qualifikation und Praxis veranschaulichen.

Mein Anliegen ist es, junge selbständige Handwerker darin zu unterstützen, eine Existenz aufzubauen. Dazu stelle ich mich Ihrer Kammer als Berater und/oder Sachbearbeiter vor. Als Fliesenleger, Maurer und Mosaiklegermeister besitze ich umfassende Kenntnisse und Erfahrungen mit Montage und Restauration, aber auch Personaleinsatz und -führung. Seitdem ich mich am Aufbau eines Heimwerkerladens beteilige, habe ich mir vielseitiges kaufmännisches Wissen angeeignet, unter anderem über Buchführung, Einkauf und Steuern. Ich beherrsche die Anwendung mehrerer PC-Programme.

Wenn ich mich für etwas engagiere, tue ich dies aus vollem Herzen, aber auch mit vorausschauender Besonnenheit und gesundem Menschenverstand. Ich freue mich darauf, eine Einladung zu einem persönlichen Gespräch zu erhalten.

Mit freundlichen Grüßen

Ingo Imker

Anlagen

Mein Werdegang

Ingo Imker
Schillerstraße 21, 18273 Güstrow
Telefon: 03843/2357498
E-Mail: biene@gmx.de
geboren am 21.8.1952 in Pasewalk
verheiratet

Berufserfahrungen

seit 2000	Unterstützung meines Schwiegersohnes beim Aufbau eines Geschäfts für Heimwerkerbedarf • Buchführung, Steuer • Bestellwesen • Kundenberatung	Güstrow
1992-1997	Fliesenleger/Mosaikleger in der Altbausanierung, meist im Auftrag der Baufirmen „Mitte ins Zentrum", „Schwaron" und „Lübeck-Liebich" • Restaurierung von Badezimmerböden und Mosaiken der Treppenhäuser • Neuverfliesung von Bädern und Küchen • Verlegung von Bodenplatten in Treppenhäusern • Einbau von Trennwänden	Berlin Lübeck
1982-1990	Polier auf Großbaustellen (Haus der Kultur, Grundschule, Hotel): zuständig für Eingangsbereiche • Bodenplatten • Wandmosaiken	Rostock Wismar Warnemünde
1978-1981	Vorarbeiter auf Montage im Plattenbau, Kombinat Lenin: Fliesenarbeiten (Bodenfliesen)	Greifswald Berlin
1974-1977	Montage im Plattenbau, Kombinat Roter Oktober • Fliesenarbeiten (Wandfliesen, Badewannen/Duschen) • Maurerarbeiten (Setzen von Trennwänden, Abdichtungen)	Stralsund

 → *Kommentar Seite 100*

Qualifikationen, Kurse

1999	Kommunikations- und Motivationstraining, Bildungsstätte Meyer	Güstrow
1999	PC-Grundwissen: Textverarbeitung und Tabellenkalkulation, Bildungsstätte Meyer	Güstrow
1998	Rückenschule: Schonung und Stärkung des Lendenwirbelbereichs sowie ergonomisches Sitzen und Heben (Rehabilitationsmaßnahme)	Templin
1991	Fortbildung zum Mosaiklegermeister, Handwerkskammer Rostock	Rostock

Schule und Ausbildung

1972-1973	Nationale Volksarmee, Sondereinheit Bausicherungstrupp „Rote Brigade"	Rostock
1969-1972	Lehre als Fliesenleger, Kombinat Ernst Thälmann	Pasewalk
1959-1969	Schulbesuch mit Abschluss der Polytechnischen Oberschule	Pasewalk

Kenntnisse und Interessen

PC: Text, Tabelle, Internet
Fahrerlaubnis Klasse 3

Mosaiken des antiken Griechenlands
Bienenzucht
Radtouren

Güstrow, 20.4.2003

Ingo Imker

→ *Kommentar Seite 100*

Zu den Initiativbewerbungen von Ingo Imker

Wieder geht es um einen Bewerber mit längerer Krankheitsphase und gesundheitlichen Einschränkungen. Weder verschweigt er seine Schwachstellen völlig, noch weist er bewusst darauf hin – bei seinem Beruf bilden Rückenbeschwerden fast den Normalfall, sodass sie nicht ausdrücklich erwähnt werden müssen – außerdem strebt er eine andere Tätigkeit an.

Anschreiben

Bei **Version 1** fällt auf den ersten Blick die eng beschriebene Seite und der ungegliederte Text auf. Herr Imker drückt sich im ersten Halbsatz etwas »geschraubt« aus. Im zweiten kommt er schon auf seine körperlichen Einschränkungen zu sprechen. Ebenso ungeschickt ist der Hinweis, dass er sich auch in den beiden anderen Kammern seiner Region beworben hat. Seine gut gemeinte Aussage darüber, was junge Leute von ihm lernen können, klingt belehrender, als sie wahrscheinlich gemeint ist. Am Ende fehlt ein Überleitungssatz zur Grußformel. Leider hat er direkt daneben unterschrieben. Überflüssig: die Einzelaufzählung der Anlagen.

Version 2 spricht schon äußerlich an. Herr Imker hat sich telefonisch nach der Ansprechpartnerin für die Bewerbung erkundigt, wobei er einige Vorinformationen einholen konnte. Er formuliert sein Schreiben klar, umfassend und freundlich. Der letzte Absatz sagt viel über seine Persönlichkeit aus und dürfte für ihn sprechen, sofern eine Position zu besetzen ist.

Lebenslauf

Was für **Version 1** des Anschreibens gilt, bestätigt sich auch hier: ein kaum gegliederter, wenig ansprechender Text mit einem fast zu kleinen Foto, auf dem der Bewerber nicht den freundlichsten Eindruck erweckt. Alle Daten folgen rein chronologisch hintereinander, darunter auch seine Krankheit und Arbeitslosigkeit. Zwar hat Herr Imker die Zeiträume durch eine Extrazeile hervorgehoben, aber die danach folgenden Angaben sind teilweise zu ungeordnet und umfangreich, z.B. seine Tätigkeiten in Berlin und Lübeck. Er scheint eine Vorliebe für Klammern zu haben, in denen er Orte, aber auch weitere Angaben unterbringt. Bei »Kenntnissen« führt er fachliche Dinge auf, die selbstverständlich zu seinem Beruf gehören. »Beratungsfähigkeit und Verkaufstalent« gehen zwar darüber hinaus, passen aber nicht an diese Stelle. Außerdem: Weder Ort noch Datum sind erwähnt. Das passiert immer wieder, ist aber ein großes Versäumnis. Genauso schlimm: Herr Imker hat seinen Lebenslauf nicht unterschrieben!

In **Version 2** passen alle Teile wie in einem Mosaik zusammen. Das interessante Foto und die jetzt geschickter präsentierten persönlichen Angaben bilden einen Blickfang. Die rechtsbündigen Überschriften sind etwas unkonventionell und vielleicht nicht jedermanns Geschmack, dafür sind die Daten sehr übersichtlich. Zeiträume, Tätigkeiten mit Arbeitgeber sowie Orte bilden jeweils eine Spalte (randlose Tabelle), was die räumliche Flexibilität des Bewerbers betont. Der umgekehrt aufgebaute Lebenslauf (»amerikanische« Form) rückt seine derzeitige Tätigkeit in den Mittelpunkt, aber auch die »deutsche« Form (in strenger zeitlicher Abfolge) wäre hier möglich. Nun erläutert er mehrere bedeutende Phasen seiner Arbeitsstellen etwas genauer. Unter »Qualifikationen und Kurse« führt Herr Imker nicht nur seinen Meisterlehrgang auf, sondern auch die Rückenschule, die seinen Gesundheitszustand verbessert hat und in Zukunft stabilisieren kann. Durch den Begriff »Rehabilitationsmaßnahme« deutet er an, wie die Lücke von zwei Jahren in seinem beruflichen Werdegang entstanden ist. Seinen neuesten Lehrgang (Bewerbungstraining) hat er etwas umbenannt, damit er nicht zu offensichtlich darauf ausgerichtet erscheint, diese Bewerbung zu erstellen. Bei seinen Hobbys weist Herr Imker diesmal auf die Mosaiken des antiken Griechenlands hin – ein weiteres Zeichen der Hingabe für seinen Beruf und sein kulturelles Interesse. Aber auch die Bienenzucht passt zu ihm, eine runde Persönlichkeit! Und jetzt stimmen auch Ort, Datum und Unterschrift.

Rechtschreibfehler

Seite 95

Zeile 24: Kein Komma hinter »Mit freundlichen Grüßen«

Jürgen Julius
Rosenheimer Str. 2
83278 Traunstein
0861-345677 / 0177-342389

Gerno Medien GmbH
Martin Gerno
Traunsteiner Landstraße 4

83023 Rosenheim

Traunstein, 20.7.2003

Bewerbung als Handelsvertreter für Zeitschriften

Sehr geehrter Herr Gerno,

Ihr sehr interessantes Angebot, Zeitschriften zu vertreiben, hat mein Interesse geweckt und mich bewogen, Ihnen meine Bewerbungsunterlagen zu schicken. Ich bin seit Jahren erfolgreicher Handelsvertreter für Bücher.

Nach einem (fast beendeten) betriebswirtschaftlichen Studium habe ich mich in vielerlei gewerblichen und anderen Tätigkeiten erprobt, unter anderem als Fahrer für Taxiunternehmen und Busgesellschaften, aber auch als Fremdenführer und Verkäufer. Schließlich habe ich meine berufliche Erfüllung in der Handelsvertretung gefunden: nach der Wende zunächst in meiner früheren Heimat Sachsen, seit sieben Jahren in Südost-Bayern. Ich verstehe es, schnell mit Kunden ins Gespräch zu kommen, ihre Bedürfnisse festzustellen und interessante Angebote zu unterbreiten. Meine Beratungsfähigkeit wird stets geschätzt und anerkannt, ebenso wie mein Verkaufstalent.

Für die Vertretung Ihrer Zeitschriften stehe ich gern zur Verfügung, aber wegen der Beendigung eines noch laufenden Vertrages erst zum 1.12.2003. Es tut mir leid, dass ich nicht sofort zusagen kann. Ich hoffe, bis dahin lässt sich eine Zwischenlösung für Sie finden und wünsche Ihnen damit viel Erfolg. Ich rechne mit Ihrer baldigen Antwort und freue mich schon auf ein persönliches Gespräch.

Mit freundlichen Grüßen

Anlagen

Lebenslauf

Name: Jürgen Julius, 53 Jahre alt
Adresse: Rosenheimer Str. 2, 83278 Traunstein
Telefon: 0861-345677 / 0177-342389
Geburtdatum und -ort: 1.1.1950 in Karl-Marx-Stadt
Familienstand: verheiratet, 4 Kinder

Berufspraxis

seit 1996	Handelsvertreter für Bücher, insb. Taschenbuch (Non-fiction), Plönske-Medien GmbH/München
1990 – 1995	Handelsvertreter für gebundene Bücher, insb. Belletristik, Arak-Buchvertrieb/Zwickau
1989	Verkaufshilfe im Buchladen Heinrich, Coburg
1988	Assistent/Vertreter eines Kiosk-Besitzers, Coburg
1986 – 1987	– Fremdenführer, Erlangen – Nachtportier im Bahnhofs-Hotel, Erlangen
1985	Busfahrer Busfahrer, Schöller Touristik GmbH, Erlangen
1983 – 1984	Busfahrer, Erlanger Verkehrsbetriebe
1977 – 1982	– Taxifahrer, München – Handel mit Schallplatten, Hof

Fortbildungen und Studium

1992	Vertragswesen im Buchhandel, Zwickauer Handelszentrum
1991	PC-Schulung Grund- und Aufbauwissen
1990	Verkaufstraining, Zwickauer Handelszentrum
1986	Kommunikation und Rhetorik, VHS Erlangen
1974 – 1976	Studium der Betriebswirtschaft (6 Semester), Fachhochschule Erlangen
1971 – 1973	Studium der Ökonomie (5 Semester), Technische Universität Dresden

Schule und Wehrdienst

1969	Wehrdienst, Zwickau
1956 – 1968	Grund- und Oberschule in Karl-Marx-Stadt, Abschluss Abitur

 → Kommentar Seite 107

Kenntnisse und Fähigkeiten

PC/MAC: Word, Excel, Access sowie Internet
Fremdsprachen: Englisch gut in Wort und Schrift; Russisch Grundkenntnisse
Führerschein Klassen 1, 3, P-Schein und Busführerschein

Interessen

Denkmalschutz
Historische Romane
Tischtennis, Familienausflüge

Traunstein, 20.7.2003

Jürgen Julius
Rosenheimer Str. 2 · 83278 Traunstein

Jürgen Julius

Handelsvertreter
Bücher · Zeitschriften

Gerno Medien GmbH
Martin Gerno
Traunsteiner Landstraße 4

83023 Rosenheim

Traunstein, 20.7.2003

Mein Anliegen:
Ihre Zeitschriften auf den Weg bringen!

Sehr geehrter Herr Gerno,

durch Herrn Heino Müller erfuhr ich, dass Sie einen Handelsvertreter für den Vertrieb Ihrer Zeitschriften suchen. Da ich diese Tätigkeit seit Jahren erfolgreich im Bereich Bücher und Zeitschriften ausübe, stelle ich mich Ihnen als zukünftigen Vertragspartner vor.

Zu meinen Qualitäten gehört es, mit Kunden schnell ins Gespräch zu kommen, ihre Bedürfnisse zu erkennen und ihr Vertrauen zu gewinnen. Meine Kompetenz in Beratung und Verkauf sowie die absolut zuverlässige Umsetzung werden von meinen Geschäftspartnern geschätzt und anerkannt.

Mehr dazu erfahren Sie aus dem beiliegenden Faltblatt. Für den Vertrieb Ihrer Zeitschriften stehe ich gern zur Verfügung, aber wegen einer vertraglichen Bindung erst ab dem 1.12.2003. Vielleicht erörtern wir in einem persönlichen Gespräch, in welcher Form ich mich in den nächsten Monaten bereits einbringen kann. Ich freue mich darauf, Sie kennen zu lernen!

Mit freundlichen Grüßen aus Traunstein

PS: Weitere Unterlagen erhalten Sie gern auf Anfrage

Tel/Fax (0861) 345 677	E-Mail: info@jjulius.de	Bankverbindung:	Norisbank
Mobil (0177) 342 389	Steuer-Nr. 678/344 878	Kto. 122 789 1012	BLZ 760 260 00

Meine zufriedenen Kunden und der Weg dorthin ...

seit 1996

Handelsvertreter für Bücher, insb. Taschenbuch (Non-fiction), Plönske-Medien GmbH/München (Referenz: Herr Goza, Tel.: 089/4567891)

1990 - 1995

Handelsvertreter für gebundene Bücher, insb. Belletristik, Arak-Buchvertrieb/Zwickau (Referenz: Frau Meisel, Tel: 0375/344823)

1977 - 1989

Vielseitige Berufstätigkeiten im Handel, Tourismus und in der Personenbeförderung

Ich zeichne mich dadurch aus, dass ich ...

den vertrauensvollen Kontakt zu Kunden pflege und neue gewinne,

Bestellungen und Verträge kompetent bearbeite,

umfassend über Serviceangebote berate und diese umsetze,

Reklamationen aufnehme und bearbeite, wobei ich die Interessen des Kunden und des Auftraggebers wahre,

laufend den Markt beobachte,

Sonderaktionen konzipiere, vorbereite und durchführe.

Sie brauchen einen Partner, der ...

Ihre Zeitschriften zuverlässig an den Kunden bringt,

umfassende Kenntnisse und Erfahrung im Geschäft aufweist,

das nötige Fingerspitzengefühl für den Markt besitzt,

Kunden mit Fachkompetenz und Einfühlungsvermögen berät,

einen Rundum-Service bietet,

schnell das Vertrauen der Kunden gewinnt,

mit Flexibilität, Kreativität und Organisationstalent seine Aufträge erledigt.

Jürgen Julius

Handelsvertreter
Bücher · Zeitschriften

Damit Sie wissen, wer hinter diesen Zeilen steckt ...

Jürgen Julius

Rosenheimer Str. 2
83278 Traunstein

Tel/Fax: (0861) 345 677
Mobil: (0177) 342 389
E-Mail: info@jjulius.de

Meine Qualifikation

Studium der Betriebswirtschaft, Fachhochschule Erlangen sowie Ökonomie, Technische Universität Dresden

Schulungen zu Vertragswesen im Buchhandel, Verkaufs- training, Kommunikation und Rhetorik

PC/MAC-Kenntnisse:
Word, Excel, Access sowie Internet/E-Mail

Fremdsprachenkenntnisse:
Englisch gut in Wort und Schrift
Russisch Grundkenntnisse

Führerschein Klassen 1, 3,
P-Schein und Busführerschein

 → *Kommentar Seite 107*

Zu den beiden Bewerbungen von Jürgen Julius

Das Besondere an dieser Bewerbung ist, dass es um eine freiberufliche Tätigkeit geht: Herr Julius hat über einen Bekannten von diesem möglichen Auftrag erfahren. Er muss nun einerseits versuchen, das Interesse auf seine Qualitäten zu lenken, andererseits eine Erklärung (siehe Seite 23) dafür finden, dass er den Auftrag erst in vier Monaten annehmen kann. Eine schwierige Aufgabe, die von seiner Bewerbung Besonderes verlangt! Die Form eines Faltblattes/Folders eignet sich für Freiberufler gut, ist auch bei Kurz- oder Initiativbewerbungen möglich.

Anschreiben

Version 1 erinnert an eine Bewerbung für ein Angestelltenverhältnis. Herr Julius erklärt, woher seine Fähigkeiten stammen, was ein bisschen sehr nach Rechtfertigung klingt und den Lebenslauf nacherzählt. Für einen freiberuflichen arbeitenden Handelsvertreter zählen jedoch seine Erfolge weitaus mehr. In seinen Erläuterungen hebt er ungeschickterweise den Studienabbruch hervor. Sein wiederholtes Bedauern, dass er nicht sofort zur Verfügung stehen kann, soll Verständnis wecken, nervt aber den potenziellen Auftraggeber.

In **Version 2** hat sich Herr Julius von einem professionellen Geschäftsbrief anregen lassen – einschließlich des passenden Logos und der Fußzeile. Schon der Spruch in der Betreffzeile »Mein Anliegen …« zieht die Aufmerksamkeit auf sich. Inhaltlich stellt er sich als Geschäftspartner, nicht als Bittsteller dar. Die Formulierungen sind selbstbewusst und drücken seine vielseitige Kompetenz und Stärken aus. Ob es ihm gelingt, einen Auftrag zu bekommen, den er erst in einigen Monaten ausführen kann, wird sich zeigen – er hat sich jedoch eine glaubwürdige Erklärung für die Verzögerung überlegt und ein Angebot gemacht, wie die Zeit bis dahin überbrückt werden kann. Da er das beiliegende Faltblatt schon im Schreiben erwähnt, kann das Wort »Anlagen« entfallen. Herr Julius bietet jedoch im PS an, weitere Unterlagen (z.B. Referenzen, Zeugnisse oder Zertifikate) zu senden. Die interessante Grußformel »Mit freundlichen Grüßen aus Traunstein« weckt Aufmerksamkeit – sie kann ebenso bei Bewerbungen für Angestelltenverhältnisse angewendet werden (selbstverständlich nur, wenn der Wohnort nicht mit dem Ort des Adressaten übereinstimmt).

Lebenslauf

Version 1 stellt (wenn man einige Korrekturen vornimmt) durchaus eine ansprechende Bewerbung für Angestellte dar. Persönliche Angaben wie Alter und Familienstand gehören jedoch nicht unbedingt in die erste Kontaktaufnahme mit einem möglichen Auftraggeber. Hier zählt das Angebot, das zum Bedarf passt. Daher ist es völlig überflüssig, dass Herr Julius sämtliche Stationen seines Berufslebens sowie einzelne Fortbildungskurse aufzählt. Auch seine Hobbys sollte er als zukünftiger freier Handelsvertreter lieber weglassen.

Version 2 fällt diesmal völlig anders aus: Der Bewerber hat ein Faltblatt entworfen, das ohne Zeugnisse dem Anschreiben beigelegt wird. Darin kann, muss aber nicht, ein eingescanntes Foto enthalten sein. Herr Julius stellt überzeugend dar, dass er den Bedarf des Auftraggebers decken kann. Die Anordnung des Textes auf dem Faltblatt vollzieht die Leserichtung nach. Nach dem Falten wird die dritte Spalte der zweiten Querformat-Seite ganz oben liegen, die das ansprechende Logo von Herrn Julius zeigt. Danach geht es mit »Sie brauchen einen Partner …« und den rechts folgenden Spalten weiter. Der Bewerber erläutert seine Haupttätigkeiten und Stärken. Unter der Überschrift »Meine zufriedenen Kunden …« gibt er einen Überblick über seine Referenzen und seinen Berufsweg. Auch die ersten beiden Spalten auf der zweiten Seite enthalten Bestandteile eines typischen Lebenslaufes, aber sehr zusammengefasst und mit ungewöhnlichen Kommentaren (»Damit Sie wissen, wer …«). Zum Alter und Familienstand muss ein Freiberufler keine Angaben machen. Dieses Faltblatt ist jetzt ein Hingucker, besonders wenn Herr Julius es auf dezent farbigem Papier druckt!

Rechtschreibfehler

Seite 101

Zeile 27: finden und → finden, und

Seite 102

Zeile 16: Unnötige Wiederholung des Wortes »Busfahrer«

Schlussbemerkungen

Sie haben Anregungen bekommen, wie gute Bewerbungsmappen aussehen können. Die Beispiele unserer Arbeit suchenden Personen sollten Sie dazu ermutigen, Ihre eigenen Unterlagen vom Aufbau und Inhalt her ansprechender und geschickter zu gestalten. Selbstverständlich dürfen Sie einzelne Formulierungen übernehmen oder sich von Ideen hier anregen lassen.

So gehen Sie bei der Erstellung Ihrer Bewerbungsunterlagen vor

Beginnen Sie mit dem Entwurf Ihrer Bewerbung sofort nach Erscheinen der Anzeige. Sammeln Sie zunächst Informationen über das Unternehmen, z. B. aus dem Internet, und rufen Sie dort an, um den Ansprechpartner in Erfahrung zu bringen. Überlegen Sie, was Sie an der Stelle reizt und warum Sie gut dorthin passen würden. Entwerfen Sie erst Ihren Lebenslauf, dann das Anschreiben. Schlafen Sie eine Nacht darüber – beim zweiten Lesen kommen Ihnen weitere Ideen und es sticht Ihnen sicherlich einiges ins Auge, das Sie ändern werden.

Fehler, die Sie vermeiden können

Hier haben wir einige Punkte zusammengefasst, die dazu führen könnten, dass Sie Ihre Bewerbung ziemlich schnell ohne Erfolg zurückbekommen. Es gibt zwar nicht die absolute Wahrheit, aber manche der folgenden Punkte machen die meisten Personalverantwortlichen ärgerlich und lassen sich leicht umgehen:

Unzureichende Gliederung:

Wenn Sie »ohne Punkt und Komma« schreiben, keine Absätze einfügen und Ihren Lebenslauf nicht tabellarisch gliedern, machen Sie es Ihren Lesern schwer. Seien Sie nicht zu sparsam mit dem Platz auf der Seite und bedrucken Sie nie doppelseitig! Auch wenn Formatierungen die Lesbarkeit verbessern, übertreiben Sie nicht mit zu vielen Schriftarten, Einzügen und Effekten.

Massensendungen oder verschmutzte, geknickte Seiten:

Personalprofis bemerken den Unterschied zwischen Ausdruck und Kopie, d. h.: Drucken Sie jede Bewerbung neu aus. Sparen Sie nicht an der falschen Stelle. Alle Materialien müssen sauber und unbenutzt wirken. Verzichten Sie jedoch auf Klarsichthüllen!

Rechtschreib- und Grammatikfehler:

Egal ob Sie die neue oder alte Rechtschreibung benutzen, schließen Sie Fehler aus: Die Rechtschreibfunktion Ihres Textverarbeitungsprogramms bietet dazu Hilfe, auch fachkundige Personen Ihres Umfeldes können Sie unterstützen. Kontrollieren Sie immer Ihre ausgedruckte Bewerbung, denn Fehler fallen oft erst dort auf!

Nicht namentlich genannte oder falsche Ansprechpartner:

Versuchen Sie, den Empfänger Ihres Schreibens in Erfahrung zu bringen, und lassen Sie sich den Namen buchstabieren. Noch besser kommen Sie an, wenn Sie mit ihm bzw. ihr telefonieren oder Ihre Bewerbung persönlich übergeben. In diesem Fall müssen Sie sich darauf vorbereiten, dass es zu einem kurzen telefonischen Bewerbungsgespräch kommen kann.

Veraltete Begriffe:

Verzichten Sie auf die Abkürzungen »z. Hd.«, »Betr.« sowie »den« in der Datumszeile und »Hochachtungsvoll« bei der Abschiedsformel.

Eintönige Sätze zu Beginn Ihres Anschreibens:

»Hiermit bewerbe ich mich um ...« Etwas origineller klingt »... stelle ich mich Ihnen vor« oder »Mit großem Interesse habe ich Ihre Anzeige gelesen und ...«. Beziehen Sie sich lieber auf etwas, das Sie persönlich auszeichnet. Noch besser wirkt ein zuvor aufgebauter Kontakt zu einem Ihnen bekannten Mitarbeiter des Unternehmens.

Reine Wiederholungen aus der Stellenanzeige oder Ihrem Lebenslauf:

Von Ihnen wird erwartet, dass Sie sich auf die Anforderungen der Stellenanzeige beziehen. Schreiben Sie diese aber nicht einfach ab, ohne sie mit Beispielen zu füllen. Behaupten Sie nicht ohne Erläuterung, der geeignete Kandidat zu sein: Stellen Sie zwei bis drei Höhepunkte Ihrer beruflichen Laufbahn – oder ersatzweise Ihres ehrenamtlichen Engagements – überzeugend dar, ohne sie aufzuzählen, denn dies kann in Ihrem Lebenslauf nachgelesen werden. Beantworten Sie dabei die Fragen: Welches sind meine für die Stelle bedeutenden Kenntnisse, Fähigkeiten und persönlichen Eigenschaften? Warum bewerbe ich mich gerade für diese Aufgabe?

Langweiliges Bewerbungsfoto:

Verschicken Sie kein Automatenfoto, sondern lassen Sie sich von einem Fotografen mehrfach ablichten. Vermeiden Sie auffällige Kleidung und Accessoires (Freizeitlook) sowie grelle Farben. Besondere Aufmerksamkeit erregt Ihr Foto mit einem gewinnenden Lächeln. Auch die Wahl eines außergewöhnlichen (und relativ großen) Formats oder Ausschnitts kann Blicke anziehen.

Standardformulierungen und offensichtliche Lücken im Lebenslauf:

Dieses für die Entscheidung bedeutende Schreiben sollten Sie jeweils den Anforderungen der Stelle anpassen. Ob Sie die amerikanische oder deutsche Form des Lebenslaufes erstellen, hängt nicht nur von Ihrer beruflichen Entwicklung und Ihrem Alter ab, sondern auch vom Image der Firma, bei der Sie sich bewerben. Beschreiben Sie Ihre Erfahrungen als Erfolge, die dem entsprechen, was in der Stellenanzeige gefordert wird. Geben Sie nicht schonungslos offen Ihre Arbeitslosigkeit oder Krankheit an, sondern verpacken Sie diese Zeiträume in Fortbildung, soziales Engagement, längere Reisen, Pflege eines Familienangehörigen etc. – sofern dies wenigstens in Ansätzen stimmt oder Ihnen das Gegenteil nicht nachgewiesen werden kann.

Nicht erfragte und allzu persönliche Angaben:

Dazu zählen unter anderem psychische Probleme, familiäre und finanzielle Verhältnisse, religiöse Zugehörigkeit, politische Überzeugungen und Engagement, merkwürdige und gefährliche Hobbys etc. Halten Sie sich zurück mit Aussagen, die nicht ausdrücklich erfragt wurden, z.B. zu Ihrem Gehaltswunsch, zur Sicherstellung der Betreuung Ihrer Kinder oder zur bequemen Verkehrsanbindung zum Arbeitsplatz.

Eines möchten wir Ihnen noch mit auf den Weg geben:

Verzweifeln Sie nicht! Unsere Ratschläge dienen nur zur Anregung, nicht als Maßstab. Geben Sie Ihr Bestes und gestalten Sie Ihren persönlichen Weg, denn Selbstvertrauen ist der Schlüssel zum Erfolg. Zögern Sie nicht zu lange, nur um alles richtig zu machen – frisch gewagt ist halb gewonnen!

Und vergessen Sie nicht:

Wir sind nicht auf der Welt, um so zu sein, wie andere uns haben wollen.

Was Sie noch wissen sollten ...

Das Autorenteam Hesse/Schrader ist seit 20 Jahren auf dem Sektor Bewerbung und Berufsorientierung sowie zu weiteren Themen aus der Arbeitswelt publizistisch tätig. Am Anfang stand die erstmalige Veröffentlichung aller gängigen Intelligenztests und deren kritische Reflexion. Ebenfalls Neuland zum Bereich »Überleben in der Arbeitswelt« erschloss ihr Buch *Die Neurosen der Chefs – die seelischen Kosten der Karriere.* Beide Autoren verfügen über eine langjährige Erfahrung als Seminarleiter bei Bewerbungstrainings. Ein besonderes Interesse gilt der gewerkschaftlichen Bildungsarbeit in Form von Anti-Mobbing- und Konfliktmanagement-Seminaren.

1992 gründeten sie in Berlin das *Büro für Berufsstrategie*, das ausschließlich Arbeitnehmer in allen erdenklichen beruflichen Fragen berät und unterstützt. Hier gehört es zu ihren täglichen Aufgaben, Menschen in dem Findungs- und Verwertungsprozess ihrer Talente und Begabungen, Neigungen und Interessen zu unterstützen und sie zu befähigen, das Beste für sich daraus zu entwickeln.

Schauen Sie sich unter *www.berufsstrategie.de* das Informationsangebot an. Das Team unterstützt Sie auch bei der Erstellung von Bewerbungsunterlagen oder begutachtet Ihre Bewerbungsmappe.

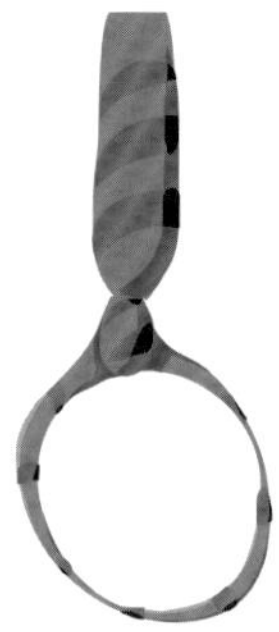

Vorsicht
Bewerbungsfalle!

Danke Herr Müller, Sie
hören von uns.

Gutschein über 15 % Rabatt

für einen Bewerbungsunterlagen-Check durch die Profis des **Büro für Berufsstrategie Hesse/Schrader**

Mit einer guten Bewerbungsmappe liefern Sie Ihrem potentiellen Arbeitgeber Ihre erste Arbeitsprobe ab. Sie ist Ihre Visiten- und Eintrittskarte für Ihre künftige Karriere und sollte deshalb optimal gestaltet sein. Die Profis vom Büro für Berufsstrategie beraten Sie mit dem erfahrenen Kenner-Blick und geben wertvolle Hilfestellung.

Bewerbungsunterlagen-Check mit persönlicher Beratung

Sie schicken uns Ihre Bewerbung mit allen Unterlagen zu. Wir prüfen Ihre Bewerbungsmappe und erläutern Ihnen in einem persönlichen Gespräch Optimierungsmöglichkeiten, damit Ihre Bewerbung ganz oben auf dem Stapel des Personalchefs landet. Neben einer ansprechenden äußeren Form Ihrer Mappe wird es vor allem darum gehen, ein stimmiges und überzeugendes Bild Ihrer Motive und Fähigkeiten zu entwickeln.
Kosten (Abrechnung nach Zeitaufwand): 102,- €/h (statt 120,- €/h)

Standardisierter Bewerbungsunterlagen-Check (schriftliche Analyse)

Auch für den standardisierten Bewerbungsunterlagen-Check benötigen wir Ihre Bewerbungsmappe. Sie erhalten von uns eine schriftliche Begutachtung, in der alle bewertungsrelevanten Aspekte berücksichtigt werden. Wir bewerten dabei die äußere Form, das Anschreiben, den Lebenslauf sowie die Anlagen. Neben einer zusammenfassenden Beurteilung der Botschaft Ihrer Unterlagen erhalten Sie Empfehlungen und Verbesserungsvorschläge.
Kosten: € 51,- (statt € 60,-)

Und hier können Sie diesen Gutschein (nur als Original) bis zum 31.12.2005 einlösen:

berufsstrategie.de
Hesse/Schrader
Oranienburger Str. 4-5
10178 Berlin

Fon 030/28 88 57-0
Fax 030/28 88 57-36
Info@berufsstrategie.de

berufsstrategie.de
Hesse/Schrader
Bettinastr. 14-16
60325 Frankfurt / M.

Fon 069 /74 30 48 70
Fax 069 /74 30 48 79
frankfurt@berufsstrategie.de

berufsstrategie.de
Hesse/Schrader
Silcherstr. 1
70176 Stuttgart

Fon 07 11 /6 15 49 41
Fax 07 11 /6 66 23 23
stuttgart@berufsstrategie.de

berufsstrategie.de
Hesse/Schrader
Heidenkampsweg 45
20097 Hamburg

Fon 040 /23 60 88 58
Fax 040 /23 60 85 00
hamburg@berufsstrategie.de

berufsstrategie.de
Die Karrieremacher.